Oneness

ワンネスを生きる

アモラ・クァン・イン 著　　穴口恵子 監修 / 鈴木純子 訳

太陽出版

ONENESS
by Amorah Quan Yin

自分のすべてを愛し、
過去のあらゆる人々も体験も愛し、
多次元の自己と結びつき、
男女の完全な対等性に目覚め、
人々をコントロールせずに愛するようになり、
スピリットの完璧さを受け入れ、
多様性の融和を生きる……
そのとき、あなたはワンネスに還ります。

ワンネスは
無条件の愛を与え受けとることを
体験したときに生まれます。

アモラ

はじめに

アモラとの聖なる運命が始まったのは、はじめて私がカリフォルニア州のマウント・シャスタを訪れた1997年冬のことでした。それは2月の大雪の日でした。私はそれまで一度も雪の中を運転したことがなく、ハンドルを握りながら、世界で最高峰のスピリチュアル・リーダーに会うためにこの先どんな試練が待ち受けているのだろうと思いをめぐらせていました。

私は『アネモネ』という雑誌の仕事でアモラに会いに来たのですが、吹雪で視界が失われ、レディング空港からアモラの住むシャスタまで2時間以上もかかってしまったのです。今でもはっきり覚えているのですが、そのとき私は彼女に会うことへの期待と不安で胸をときめかせていました。というのも彼女は卓越したサイキックとして知られており、きっと私とのあいだに起こっていることもすべて知っているだろうと思ったからです。

ところがようやく彼女の家にたどり着いたとき、アモラは信じられないほどオープンにあたたかく私を迎え入れてくれました。ハグしたとき、まさに観音そのものの深い慈愛と無条件の愛にいだかれているように感じました。そしてインタビューのあいだじゅう、ずっと彼女からかもしだされる穏やかで愛に満ちたエネルギーに感動していました。しかもスピリチュアルな道のはるか先を歩むアモラが、まったく対等に私に接してくれたのです。彼女が正直に自分の感情を分かち合い、どんな試練に直面してきたかをオープンに語ってくれるその姿勢に、私は強い感銘を受けました。

これをきっかけに、私はアモラがシャスタで教えているトレーニング・プログラムをすべて受けることを決め、それから5年にわたって彼女は私の先生になりました。教師としてのアモラもやはり生徒を対等な存在として認め、人間として同じような問題をかかえる私に、自分の試練に向き合えるよう手助けしてくれました。

彼女がはじめて日本に来てくれたときのことは忘れられません。アモラは病気になり何日も寝込んでしまったのです。アモラと私はワークショップを中止すべきかどうか話し合いました。彼女に会うことを心待ちにしている日本の受講生のみなさんに挨拶だけしてもらえないだろうかと私がたずねると、彼女は会場に行くことに同意してくれました。そして、ひとこと挨拶したら帰って休むつもりで一緒に出かけたところ、驚いたことに彼女はみんなの前に立つととても元気になって、そのままワークショップを始めることができたのです！　これは、どれほどアモラがドルフィンスターテンプル・ミステリースクールの指導に全身全霊をささげているかを教えられた出来事でした。

アモラはその後、ほとんど毎年のように日本を訪問しました。彼女の支えがなければドルフィンスターテンプル・ジャパンを設立することはできなかったでしょう。過去12年以上に及ぶ日本国内でのワークショップや個人セッションを通じて、私たちは2万人もの人々と触れ合うことができたのです。

長い交流を経て、アモラと私は仕事上の関係だけでなく、とても親しい友人になりました。2013年6月13日に彼女が地球を旅立つまでは、毎年夏になると、私は日本の受講生たちとともにアモラを訪ねてマウント・シャスタへ行きました。彼女と一緒にクラスを指導するたびに、ドルフィンスターテンプルの教えに気づきを深めることになりました。それらの教えによって私はハイアーセルフと一つになり、多次元レベルで過去、現在、未来の自己を癒すことができたのです。私がアモラからミステリースクールをとおして受けとった最大のギフトは、以前には想像もおよばなかったほどはるか遠くまで行けるようになったことです。ありがたいことに、今もそれは続いています。

アモラのワークを受け継いで生かしていけることに心から感謝しています。これからも、アモラのスピリットとともに、そして彼女が地上にもたらしてくれた教えとともに、みなさんとこの素晴らしい魂の旅をつづけていきたいと願っています。あなたがこの本を手にとりワクワクしてくださることを、また本書があなたのスピリチュアルな進化のさらなるステップへの足がかりとなることを確信しています。

ドルフィンスターテンプル・ミステリースクールインターナショナル代表
ドルフィンスターテンプル・ミステリースクールジャパン代表／認定講師
穴口恵子

編者まえがき

２０１４年の夏、私は本書の原稿を受けとりました。それはアモラ・クァン・インが２０１３年６月にこの世を去ったときのまま、完成されずに残っていたのです。この原稿を出版するためには基本的な編集が必要でした。いくつかの章はワークショップからそのまま書き起こされたような状態で、話し言葉ならではの曖昧さが見られました。図はついておらず、章立ても再編成する必要がありました。私の仕事は、この断片の集まりを整えて一冊の本にまとめ上げることでした――どうかうまくいっていますように。

この本は、アモラのそれまでの４冊に比べてかなりボリュームが少なめです。その点も考えて、ゲイリー・ケンドルと私でいくぶん手を加えることにしました。とはいっても、もちろん大幅に加筆するわけではなく、強調部分や資料や脚注を付す程度です。その目的としては次の二つがありました。

1．この本でアモラが話し、教えていることの核になる部分を際立たせること。

2．はじめてアモラに接する読者にも理解しやすいよう、より一般的で現実的な枠組みをもたせること。

本書には、たとえば1章の契約を解消するワークのように、アモラのこれまでの本と一部かさなる箇所もありますが、ここに載っているのは更新されたバージョンです。

ゲイリー・ケンドルも私も、アモラの輝きがより明確に伝わるようにしたいと思いました。そこで、アモラと個人的に親しかった人や受講生たちにアモラとの体験談を分かち合ってもらい、それらを付記として巻末に加えました。

今日のインターネット上にはチャネリング・メッセージがあふれています。そうした情報のすべてが確かで信頼に足るものだとは私は思いません。チャネリングという現象自体を信じるかどうかは別として、私たちはその情報の質と有用性を正確に見きわめていく必要があるでしょう。ちなみに「多次元の自己とつながる」の章にあるメタトロンのメッセージを読むと、ここで語られる言葉には終始一貫して特徴的な強い語調があり、しっかりした構造と高度な集中が保たれています。私の考えでは、何らかの知的存在がこれを語り、外側からの洞察と情報を伝えていることは明らかです。しかもこの情報は私自身の人生とも深く関連しています。この本には、そのような力強いチャネリング・メッセージが随所に登場します。

とはいえ、チャネリング情報がこの本を素晴らしいものにしている中核部分というわけではありません。真のパワーと明晰さは、アモラ自身が語る言葉にあります。アモラは彼女の体験から明確に述べており、すべてが道理にかなっています。主体性についての章がいい例でしょう。

実を言えば、この本（原題"Oneness"）のサブタイトルをみんなで考えていたときに、私は「ストレートな語りと神聖なガイダンス」という副題を提案しました。確かにこれはアモラの本のサブタイトルとしてはきつすぎるでしょう。しかし本書のいくつかの章にはそうした強烈な内容が語られていて、そこが私にとっては最高に価値があり、もっとも感謝しているところなのです。

あなたがこの本を楽しみ、導きを得ることを願っています。

２０１５年３月　スウェーデン、ストックホルムにて

ステファン・ミューアズ

ワンネスを生きる ☪ 目次

プロローグ

永遠に
Eternally

はじめに〝一なるもの〟があった。それは言った。「われ在《あ》り」。そして〝一なるもの〟はみずからの内に〈彼／彼女〉が存在し、目覚めようとしていることに気づいた。〝一なるもの〟は〈神／女神／すべてなるもの〉であり、歓びにあふれ、畏敬と驚嘆に満ちていた。それはまるで深く永い眠りからはじめて目を覚ましたかのようだった。その後〝一なるもの〟はふたたび眠りに入り、ふたたび目覚め、また眠り、また目覚め……やがて一部が眠っているあいだは別の一部が目覚めていることに決め、そのようになった。眠っていた部分が目覚めてもう一方に出会ったとき、男と女がはじめて存在した。

…………†…………

男と女はたがいを見た。その瞬間、愛が生まれた。彼らはふたたびワンネスへと溶けあった。それは深いゆだねあいと至福の体験だった。その体験ののち、ふたたび分かれ、相手を見てから自分を眺めた。するとおたがいの違いに気づきはじめた。彼らは〈すべてなるもの〉から生まれた、聖なる母と聖なる父だった。それからまた彼らは溶けあって一つになった。こうして〝一なるもの〟への融合と、聖なる母、聖なる父への分離というサイクルがはてしなく続いた。

あるとき、分離した彼らは自身の際立った特質に気づいた。その特質は、独立した光の存在として個別化された。すなわち聖なる母、聖なる父の一部でありながら、それぞれが独自の資質を持つ別の存在になったのだ。これによってサイクルに変化が生じた。四つの光の存在、つまり聖なる母、聖なる父と、二つの個別の存在はたがいを見て畏敬と驚嘆の念に打たれた。深い愛によってワンネスへの融合が起こり、それから四つの光の存在に分かれてはふたたび深く情熱的に愛しあうというサイクルがくり返された。

それら四つの存在は歓びに満ち満ちていた。あるとき、聖なる母と聖なる父は意識的な意図によってさらなる光の存在を生み出せることに気づいた。それを12回くり返したあと、彼らは新しく生まれた小さな光の存在たちに、最初のエロヒム※となるよう告げた。また、生きた光の存在をどのように創造するかも教えた。このときすでに聖なる母と聖なる父は、ある特定のエネルギーに集中しながら聖なる音を奏でることによって、ゆだねられた愛、情熱的な愛、平和な愛、信頼の愛、愉快な愛、恵みの愛など特定の資質をそなえた存在を生み出す術を心得ていた。こうして真の創造がはじまった。

†

※編者註　エロヒムとは創造の役割を担う光の存在たちで、〈神／女神なる創造主〉とも呼ばれる。ヘブライ語から直接訳された聖書の冒頭は、「はじめにエロヒムが天と地を創造した」である。

聖なる母と聖なる父は、
特定の聖なる音を奏でることにより
個々の光の存在たちを生み出したのです。

存在するすべての生命やすべてのものはこうして生まれました。そう、あなたも私も、惑星も恒星も、植物も山も、あらゆるものがこのように創造されたのです。それぞれの生命が始まった瞬間、すでにそれは永遠でした。なぜなら永遠は、創造に先立つ究極の〝一なるもの〟の一部としてあらかじめ存在していたのですから。その〈すべてなるもの〉との一体性すなわちワンネスは、じつに摩訶不思議でときめきに満ちたものでした。それは過去、現在、未来を含めて、ありとあらゆる創造の可能性を探求するための無限の広がりだったのです。

こうした気づきがすべての光の存在たちのあいだに伝わって浸透していったとき、大いなる歓びと情熱とともに突如として新たな現実決定がなされました。瞬時に、〝存在〟の潜在的可能性をすべて探求しつくしたいという深い望みに目覚めたのです。なんともシンプルな「あ、そうか」という気づきの瞬間でした。ただしシンプルとはいえ、それはもっとも複雑で入り組んだ気づきだったかもしれません。というのは、このとき多次元的な現実の探求と創造が始まったからです。〈すべてなるもの〉の中にはいったいどれほどのものが待ち受けているのか誰にもわかりませんでしたが、それは胸おどる未知の世界でした。しかしこの現実を誤って解釈する可能性や、そこから生じる影響についてはまったく考慮されませんでした。そのときにはまだ、光と愛しか存在していなかったからです。この現実に対するたった一つの小さな誤認が、やがて闇と光、苦しみと喜びを生み、ついには肯定的にせよ否定的にせよカルマをつくりだすということを、誰もまだ思いつきさえしなかったのです。

でも、どんなことからも必ず何か学ぶものがあるとしたら、ほんとうに否定的なことというのは存在するでしょうか？

これは私たちが今あらゆる方面で答えを求めている、大いなる問いです。その答えは、かつて完全に覚醒して高次元へと帰っていった人々によってすでに出されています。そして今はすべての人にとって大いなる目覚めの時です。私たちの体験のすべては可能性の探求のためだったということを思い出すときなのです。私たちが善悪の違いを超えて学んだとき、探求は完了し、私たちはもっと聡明になるでしょう。そこにはもはや責められるべき人は誰ひとりいなくなります。

瞑想のクラスで教えていたときのことを思い出します。その瞑想で、私は受講生たちを聖なる母と聖なる父に出会うよう導き、それから聖なる母と聖なる父に手をとってもらって自分へのメッセージを受けとるように言いました。私も聖なる母と聖なる父の手をとりました。すると、声が聞こえたのです。「アモラ、あなたは決して落ちこぼれではありません。私たちがあなたに失望したことは一度たりともありません」。その瞬間、涙がこみ上げました。それまでずっと私は自分をみじめな落ちこぼれだと感じつづけていました。いつもガイドたちや聖なる母、聖なる父を失望させているに違いないと思い、自分が不十分だと痛感していたのです。

聖なる母と聖なる父は、生まれてから感じたことがないほど深い愛で私を包みこんでくれました。私はその間ずっと泣きじゃくっていました。それから私の人生は劇的に変わったのです。もちろん、まだまだ自分に対する否定的な思いこみを解消して肯定的なものに変容させなければなりませんでした。でも私の学びはここから加速されていったのです。

その日、彼らは別のことも伝えてくれました。

「あなた自身が美しい光の存在だということを思い出すとき、いつでも私たちの愛が感じられるでしょう。私たちにはあなたの美しい愛と光に輝いた本質しか見えません。私たちはあなたを永遠に愛しています。ですから、どうかあなたの真の自己を見ることを学んでください。そうすればつねに私たちの愛がそこにあるでしょう」

そして彼らは"*You Are So Beautiful*"※（美しすぎて）という曲を私のために歌ってくれました。たくさんの音楽が高次の世界から作詞家や作曲家たちにチャネリングされて誕生しましたが、この歌もそのひとつだということです。それ以来、ハイアーセルフがときどき私にこの曲を歌ってくれるようになりました。するとそのたび、自分がほんとうは誰だったのかを思い出すのです。私はアモラ・クァン・インという美しい光の存在です。あなたも、あなたという美しい光の存在です。私たちは誰もがみなそうなのです――永遠に。

今こそ思い出すときです。

※編者註　*"You Are So Beautiful To Me"*はビリー・プレストン、ブルース・フィッシャー、デニス・ウィルソンによって書かれた曲。1975年にジョー・コッカーが歌って大ヒットした。

第 I 部

浄化とクリアリング

Clearing

1章 クリアリングの手法

ワンネスという本書の中心テーマに入る前に、まずは思いこみや決めつけ、さらに契約などをきれいに一掃して癒すための方法をいくつか紹介しましょう。このような幻想にとりつかれたエネルギーがあると、真実ではない偽りの人生にずっと縛りつけられてしまうことになります。スピリチュアルな道を歩む最大の目的は、自己の真の本質を見いだすことです。つまり、幻想をとりはらって真実をさがし求め、覚醒し、アセンデッドマスターであるキリスト意識と一つになるということです。

自己の真の本質を見つけだすために何より大切なのは、あなただけがあなたのマスターだと気づくことです。あなたが考えたり信じたりしていることのすべてが、あなたの人生を決定していきます。多くの人々は自分に湧きあがる考えや感情を信じつづけて一生を送りますが、ほんとうにスピリチュアルな人は、自分で自分の考えや感情をよく観察し、それらの何を信じて何を信じるべきでないか、みずから取捨選択することができます。つまり自己観察こそ、真の自己へといたる学びと癒しの鍵なのです。

この章では、自己観察のプロセスをうながし、あなた自身や誰かとのあいだに形成されている思いこみや決めつけ、契約などといった幻想をとりはらうワークを示していきます。はじめに、次のような手順で思いこみや決めつけを解き放ちましょう。

❖思いこみや決めつけのクリアリング

1　自分について、あるいは誰かについて、あなたはどんな思いこみや決めつけを持っていますか？　それを象徴する絵やシンボルを思い浮かべてください。

2　取りのぞきたい思いこみや決めつけをイメージしながら、全身で深く呼吸します。身体はどう反応し、どんな感情が湧いてくるでしょうか。すべてを感じつくしましょう。

3　深呼吸をつづけながら自分にこう言ってください。「この思いこみ（または決めつけ）は幻想です。真実ではありません」。それから、その思いこみや決めつけと正反対のアファメーション（肯定的宣言）を一度か、それ以上おこないます。すっきりして気持ちのよいエネルギーが感じられるまで、何度でも宣言しましょう。

4　さきほど思い浮かべた絵やシンボルに、「無効」のスタンプを何回か押します。

5　無効のスタンプを押した絵やシンボルを細かく破いてください。

6　虹色の炎をイメージして、破いた絵やシンボルを燃やしてしまいましょう。虹色の炎には、聖なる真実の白い炎がふくまれています。あとかたもなく燃えつきるまで見守ってください。

7　目をあけて、日常生活に戻ります。

＊＊＊

これをすみずみまで徹底しておこなうことで、思考レベルだけでなく、感情や身体レベルでも思いこみや決めつけを一掃できます。それにはとても重要な意味があります。というのも、深いレベルまでしっかり感じて完全に浄化しなければ、エネルギーが肉体や感情体の中にとり残され、すぐにまた思いこみや決めつけへと育ってしまうからです。

次に、あなたが自分あるいは他の人々とのあいだに結んでしまった契約を破棄して解消する方法を紹介しましょう。〝契約〟とは、何かがある特定のやり方で人生に現実化されることにあなたが同意した約束です。たとえば、「どうせ私の本当に欲しいものは手に入らないのだから、満足いかないものでも我慢しなければならない」、あるいは「人に対して自分を隠しておかなければ私は安全ではない」といった契約を自分自身と結んでいるかもしれません。または両親とのあいだに「私はいつも親に対して従順な子どもであり、決して口答えしてはならない」という契約があるかもしれませんし、誰かと「あなたに対して私はこの人生で（もしくは過去世からの）借りがある」という契約を結んでいる可能性もあります。

契約の内容は無数にあります。そこにはつねに、ある一定の行動が含まれ、その契約によって特定のやり方で生きざるを得なくなってしまうのです。それゆえ、このような契約は破棄する必要があります。契約を解消するには次のようにしましょう。

❖契約を解消する

1　あなたが破棄する必要のある契約は何でしょうか。その契約は誰と結んだものですか？自分自身でしょうか、それとも誰かほかの人と結んだものでしょうか。

2　いちばん上に「契約書」と書かれた公式文書を思い浮かべてください。その書面の最後にはあなたの名前と、契約を結んだ相手の名前が記されています。それは自分自身かもしれないし、グループや組織かもしれません。契約書には合意した事項が書いてあります。

3　あなたの手に「無効」のスタンプがあるのをイメージしてください。そのスタンプを何度か契約書に押します。契約を結んだ相手が複数の場合には契約書の束を思い浮かべ、焼きごてを使って一押しですべての契約書に「無効」の焼き印を付けてもいいでしょう。

4　契約書を破って、細かく引き裂いてください。

5　虹色のかがり火をイメージしましょう。ばらばらになった紙片を、その炎であとかたもなく燃やしつくします。

6　古い束縛から自由になった新たな感覚をアファメーションに表現してみましょう。何度か、声に出して宣言してください。

7　目をあけて、日常生活に戻ります。

＊＊＊

二つのクリアリング法がわかったところで、さらなるワークを見ていきましょう。ワンネスを創造し、真の自己に出会うためには、不要なものを取りのぞいておく必要があります。私たちはみな身体の内側に痛みを抱えもっています。痛みはすでに死んだエネルギーであり、今となっては害をもたらすばかりです。それは次の手順で消し去ることができます。

❖消去の光のチェンバー

1　プレアデスの光の使者※を招き入れて、助けを求めましょう。
2　彼らに「消去の光のチェンバー」を降ろしてくれるよう要請します。そしてあなたの肉体、エネルギー体、オーラのすべてから、もう手放してもいい痛みをきれいに取りのぞいてもらってください。
3　痛みが取りのぞかれた空間をゴールドの光で満たしてくれるように依頼します。

＊＊＊

その痛みの原因を知る必要はありません。ただ消し去るだけでいいのです。このワークはひんぱんに、少なくとも週に一度は実践するといいでしょう。

あなたのなかに住みついて痛みを栄養源にしている霊的寄生体を取りのぞくために、このチェンバーを用いることもできます。霊的寄生体はさらなる苦痛を引き寄せ、あなたを高い目的から遠ざけようとするのです。

さらに、私たちは自分自身や他者によって、さまざまなプログラミングをされています。

※編者註　プレアデスの光の使者とは、地球と太陽系を守護し見守るプレアデスの存在たちの総称。プレアデスの光の大天使の種族を含め、アモラは著書の中で数多くそのチャネリング情報を伝えている。

プログラミングは強烈な動力源となって、あなたが人生において何を信じ、どう行動すべきかを指図しつづけます。そしてあなたの成長をはばみ、前に進もうとするときにしばしば足かせとなります。

痛みを消し去るのと同じ手順で導きを依頼し、あなたが学び成長するためにはもう必要なくなったプログラミングをすべて消去してもらいましょう。プレアデスの光の使者たちは、あなたの意識がもはや超えていて不要になったプログラミングだけを消去してくれます。

誰でもみな、ときには自分に有害なエンティティを引き寄せることがあります。でもそれらが私たちにとりつくことができるのは、求めるエネルギーを私たちから得られる場合だけなのです。すなわち、もしもあなたが闇のエンティティによって恐怖にとりつかれてしまうとしたら、すでにそれ以前からあなたの身体の中には恐怖があったということです。あなたの中の恐怖が闇のエンティティを引き寄せたのです。また、つねに自分を疑って不十分だと感じさせるようなエンティティがあなたの中にいるとすれば、そのエンティティが来る前から同じようなエネルギーを持っていたのです。それらのエンティティは、あなたの中に同質のものがなければとりつくことはできないということを、どうか覚えておいてください。

もしもあなたが闇のエンティティによって恐怖にとりつかれてしまうとしたら、すでにそれ以前からあなたの身体の中に恐怖があったのです。

❖光のデポジション・チェンバー

闇のエンティティが単体であれグループであれ、なんらかの形であなたにとりついているとしたら、最初に大天使ミカエルを呼び出す必要があります。そして、あなたがそれらのエンティティと交わしてしまった契約を洗いざらい出してくれるようお願いしてください。そのあと契約解消の手順にしたがって、それらの契約をすべて破棄しましょう。

次に、プレアデスの光の使者たちに光のデポジション・チェンバーを降ろしてくれるよう要請し、あなたの肉体、オーラ、ホログラム体からそれらのエンティティを取りのぞいてもらいます。チェンバーが効果的に働くには、左右の脚や腕を交差させないように注意しながら、深い呼吸とともにおこなってください。

＊　＊　＊

この本を読みながら、必要に応じて何度でも本章のワークに戻ってきてください。また、私が書いた最初の本、『プレアデス 覚醒への道』（太陽出版）を読んで、そこにあるワークを実践してみることもおすすめします。それはあなたの内なるキリストのエネルギー体、すなわち〝カー〟を呼び起こして覚醒させるためのワークブックで、たくさんの役に立つ手法が載っています。

2章 自己否定を手放す

あなたは自分の身体を愛していますか？　自分を信じていますか？　それとも疑っていますか？　自分の感情を、心を、スピリットを愛しているでしょうか。住んでいる場所を愛し、仕事や活動を愛していますか。自分の創造性を愛しているでしょうか。自分自身を愛していますか？

自分を愛するのは利己的で悪いことだと考える人々もいます。自分のすべてを、あるいは一部でさえ、愛することなんかできないと考える人々もいます。太りすぎとか痩せすぎ、その他さまざまな理由で自分の身体を好きになれない人もいるでしょう。自分を信じることができないと、ほかに信じられる人を探したくなります。ポジティブな考えや見方に対してはつねに懐疑的かもしれません。これまで自分を感じたり表現したりしないよう学んできたので、感情をおさえつけて閉じ込めているのです。そして、人々から「〜すべきでない」と見なされることや、受け入れられそうもないことは考えないようにします。自分のスピリットは未熟で劣っていると考え、望まない場所でもそこでずっと生きていかなければならないと思いこんでいます。不満足な状況でも生活のためにはこの仕事をするしかないと信じ、しょせん自分には他の人のような創造性はないのだと信じています。そうして自分を好きになれないまま、人生を送っているのです。

あなたはどうでしょうか。これから一つずつ検証し、視野をより大きく広げてみましょう。

あなたの身体を愛していますか?

ほとんどの人はどこかしら自分の身体を否定しています。過去に出会った私の教師は、自分の膝をひどく嫌っていました。彼女は自分の膝をとても醜いと思いこんでいたのです。その人は私が出会ったなかでもひときわ美しい女性だったので、私にはまるで理解できませんでした。あるいは、くせ毛、縮毛、直毛など、自分の髪質に強くこだわる人もいます。でもその一方で、そういう髪がうらやましいと感じる人たちもいるのです。

おおかたの基準からすると私は大柄な体つきで、いつも太っていることをものすごく恥ずかしく感じていました。体型について触れられるのが怖くてたまらず、もし何か言われたら死んでしまうと思っていました。ところがある日、目の覚めるような気づきがやってきました。私は女神なる存在であり、女神の存在として生きるためにまさに完璧な肉体の中に宿っていたのです。そのときから、私は癒されていきました。

この地上の人生が何のためであろうと、すべての人は完璧な身体を持っています。私たちは身体ではありません。その中に宿っているスピリットなのです。

ダイエットをして食べたいものをいつも我慢している人は、スレンダーな肉体を保つには努力しつづけなければならないと信じています。世の中には、テレビや雑誌や映画に日々登場するモデルたちによって〝完璧な肉体〟のイメージがあふれかえっています。そして人の身体に対して、太りすぎ、痩せすぎ、背が高すぎる、低すぎる、みっともないなどという言葉が、からかいや冗談の種にされます。そんなことがどこでも日常茶飯事なのです。

なぜ雑誌やテレビでは、ごく平均的な人々の姿をめったに見かけないのでしょうか。それは単に、多くの人が完璧さの理想像ばかりを見たがっているからです。では、もしも太った女性や痩せた男性を完璧な姿として見てみたら、どうなるでしょう？　もし自分の嫌いな身体の部分に愛といたわりを込めて触れてみたら？　身体に対する批判や葛藤をはずし、それはあなたが生きるために完璧な身体だと見はじめてはいかがでしょう。あなたの身体に対していだいている決めつけや思いこみをきれいに一掃してしまいませんか？

　ぜひ、やってみてください。

自分を信頼していますか？

　人はよく、過去に起こったものごとについて自分を責めつづけます。そしてその過去の出来事のせいで、これからさきも自分が正しくふるまうことはできないと思いこみます。自分への信頼をすっかり失ってしまうのです。過去に恋人と別れたかもしれません。信頼している人に嘘をつかれたり、陰口を言われたかもしれません。仕事を失ったかもしれません。何であれ、それを不幸な悪い出来事として経験したために、いつまでも長いあいだ自分自身を責めつづけてしまうことになります。

　でも、もしそこから違う生き方ができるとしたら？　たとえば、恋人と別れたときに何があったのかを詳しく考察してみてください。最初に恋に落ちたとき、何らかの警告サインを無視しなかったでしょうか。すべてが完璧だというふりをしなかったでしょうか。二人のあいだに問題が持ち上がった場面でそれについて口にしなかったり、いっさい黙殺したりしませんでしたか？　恋人を失うのがこわくて、不安を隠して何もかもうまくいっていることにしなかったでしょうか。次の関係では違う行動がとれるよう、そこからあなたが学べるとしたら、それは何でしょう？　どうすればもっと真実への洞察力を養えるでしょうか？

こんなふうに自分を見つめることができれば、それは学びと成長の機会になります。そして新たな洞察を使う自分をもっと信頼できるようになるのです。何かが〝悪い〟結果に終わってしまったときは、いつでもそこから学び、その学びを次に生かし、より高いレベルの洞察を得ることができます。そのようにしていると自己信頼が生まれ、もっと自信が深まっていくでしょう。

自分を疑っていますか？

自分の内なる声やガイダンスを決して信じようとしない人々もいます。悪い結果になるかもしれないからと、チャンスもリスクも回避します。それでどうなるでしょう？　私たちは成功からも失敗からも同じだけ学んでいくのです。リスクを冒しましょう。

ずいぶん前、イエスとのこんな出会いがありました。そのとき私は寝室ではげしい自己疑惑におそわれていました。自分の内なるガイダンスに対する疑いの声が無視できないほど大きくなって、言われたことが何ひとつできなくなってしまったのです。私は間違っているのではないか？　間違ったガイダンスを受けとってしまったのではないだろうか……？　すると突然、イエスが目の前に現れ、私の肩にそっと触れて言いました。「アモラ、神の声は決してあなたを不安にさせることはありません」。これだけでした。でも、瞬時に私の内側で「あっ、そうか！」という大きな気づきがはじけました。イエスが教えようとしたのは、疑いの声は神なる自己のものではないということでした。それは私のネガティブなエゴの声、すなわち幻想の声だったのです。

すぐに私は自分の生活を変えることにし、それまで疑っていた内なるガイダンスに従ってプランを立て直しました。それ以来、私はつねに同じことをしています。つまり疑いが湧き起こったときはいつでも、このイエスの言葉と気づきの感覚を思い出すようにしたのです。おかげで今では自己疑惑に苦しむこともなくなりました。

あなたの感情を愛していますか？

感情はあなたの友達です。あなたがそう信じるかどうかに関係なく、友達なのです。私たちの多くは、感情を恐れている親のもとで育ちました。そして、感情を感じない、あるいは感情を表現しないという契約を親と交わしています。それに背くと罰せられるという体験によって、そう学んだのです。こうして私たちは、感情とは危険なものだと恐れるようになりました。

けれども本当のところ、感情は私たちに教えているのです。外側で起こったことに対して、自分の内側ではどう感じているかを知らせてくれます。何かがおかしい、変える必要があると感じたことはありませんか？　あなたに対する誰かのふるまいに不愉快になることはありませんか？　それは感情が意識の表面にのぼってくるから気づくのです。過去を癒すうえで、このプロセスはとても大切です。

過去のトラウマがあるとき、私たちはしばしば感情を閉ざして抑圧します。そんな感情は隠しておき、なかったことにしければならないと信じているからです。過去を癒すためには、身体をひらいて古いエネルギーを感じ、そこから何を学ぶかを見いださなくてはなりません。

そのとき、あなたはいったい何を感じたのでしょう？　誰かに手ひどい仕打ちを受けた？　相手に立ち向かうのが怖かった？　怖かったとしたら、それはなぜでしょうか？

過去を癒すためには、
身体をひらいて古いエネルギーを感じ、そこから
何を学ぶかを見いださなくてはなりません。

深く埋めこまれていた感情を表に出してやり、その感情から学ぶとき、私たちは成長し、より健やかになります。進化すればするほど自分の感情が感じられるようになるので、ただ感じたままを表現することで、相手を傷つけることもなく、自然に伝わっていくでしょう。たとえばこんなふうに。「きのうのことで、じつは今、あなたへの信頼感がちょっと揺らいでいるの」と言って前日の出来事を話し、それから「あなたの見方はどう？　本当のところを聞かせて」とたずねます。これは自分の感情に責任をもった表現方法です。相手を責めることなく、しかも自分に正直です。このようなコミュニケーションは、パートナーや友人との関係を深め、おたがいをよりいっそう親密にします。相手はあなたの言葉に耳をかたむけ、それにふさわしい行動をとりたいと思うでしょう。もしそれで相手が拒絶したら、それはあなたにとって親密な関係を築ける人ではないというサインかもしれません。

私たちはみなパートナーや友人とのあいだに本当の親密さを求めています。自分の気持ちにつねに正直でいられる信頼できる人々や、心からすべて誠実に打ち明けられる人間関係が必要なのです。これは、癒し、学び、成長するための大事な要素です。しかも相手の学びや成長を助けることにもなります。とてもやり甲斐のあることだと思いませんか？

あなたの心を愛していますか？

心を鎮めることはできますか？　自分を否定したり恥じたりする必要はまったくありません。ええ、思考はときどき暴走することだってあるのですから。でも自分の考えに発言権を持たせつつ、それを変えていくことは可能です。

ずっと前のこと、私はもうひとつ、イエスから深いレッスンを受けとりました。神のような高次元の存在状態におけるチャクラとはどのようなものか、そして神の意識と完全に一つに戻ったときに、私のチャクラがどんなふうになるかを教えられたのです。イエスにいざなわれて第三の目のチャクラに入ってみると、そこは空っぽの、すっきりした明るい空間でした。しばらくそこにいて、私は「何かの間違いだわ。何も起こらないもの」とつぶやきました。するとイエスが言いました。「神の心とはこのようなものです。きれいで、明るい光に照らされていて、何もありません。ここではつねに新たな声や、浮かんでくる内なる指示を聞くことができます」。私は気づきました。このような心の状態で自分自身に向き合う必要があったのです。心の中に去来する自分の思いに抵抗したり苛立ったりするのをやめて、どんな思考に対しても中立でいることが求められていたのです。

私のエゴの心はいつも自分と人々に必要なものを探っては、どうやってそれを手に入れたらいいのかを見つけ出そうと忙しく立ち働いていました。すべてはあるべくしてある、ということをもっと信頼する必要があったのです。そして人に対して責任を感じることをやめ、一人ひとりが自分のペースで成長できるように手放すことも学ぶ必要がありました。

瞑想のあいだ、静寂の中でただ観照者として存在することを練習してください。どれほど思考や雑念が出てきても、ただ中立に愛をもって眺めていると、やがてそれらは自然に消えていきます。あなたがその思考にとらわれなければ、それでいいのです。

あなたのスピリットを愛していますか？

あなたは自分がスピリットだということを知っていますか？　学び、成長する自分の可能性を信じていますか？　多くの人々が自分は不十分な存在だという観念をいだいています。みんなは進化して覚醒できるけど私にはできっこない、ほかの人たちは瞑想で心を鎮めることができても私には無理だ、あるいは、私のハイアーセルフはあまり私を助けてくれないなどと信じているのです。なかには、自分は決して神やハイアーセルフから赦《ゆる》されないと思いこんでいる人もいます。

私たちはみな、光と愛の美しい存在です。それが真実です。すべての人が申し分なくすばらしいのです。それ以外の存在ではあり得ません。誰もがそれぞれ進化して覚醒することができます。それと逆の私たちの思いこみだけが、その現実をゆがめて見せるのです。瞑想から学べるかどうかは向き合う姿勢によって決まります。自分が今も学び成長していることを知れば、自分に対してもっと忍耐強く寛容になれるでしょう。ハイアーセルフがあなたの人生に手出しをすることはありません。ハイアーセルフは、あなたが学び成長するのを助けるためにいるのであって、あなたに代わって何かをするためにいるわけではないからです。ハイアーセルフとつながってその親密な絆と信頼を深めるまでには時間がかかります。そして神なる自己やハイアーセルフはあなたを赦す必要さえありません。そもそもあなたを咎《とが》めたことなど一度もないのですから。「自分は赦されない」と思いこんで、スピリットとの深い結びつきを妨げているのはあなた自身なのです。

ハイアーセルフとつながる方法はこの本の9章に載っています。そのワークをすればするほどハイアーセルフとの絆が強まり、エネルギーの障害物がとれてハイアーセルフと深くつながるスペースが育っていくでしょう。

もしハイアーセルフとのつながりに何か問題があるのを感じたら、1章のワークをやってみてください。あなたは美しい光の存在です。そうでないものはすべて幻想なのです。

あなたの住んでいる場所を愛していますか？

いま生活している場所に感謝していますか？　あなたが住んでいる土地を愛していますか？　誰もが心から愛し感謝できる場所で生きる必要があるというメッセージが、数年前からしきりにガイドたちによってもたらされています。建物も土地も、自分の好きなところで暮らしなさいというのです。

なぜなら、あらゆる人も物も、つねに愛され感謝される価値があるからです。好きでない場所で生きていることは間違いだとガイドたちは言いました。好きになれないところで暮らしつづけていると、その否定的なイメージがあなたの問題を悪化させ、さらに地球の問題をも増大させてしまうことになります。

どこか違う場所に住みたければ、ぜひともあなたが好きになれるところを選んでください。あなたは愛する場所に住むに値する存在です。私たちはみなそうなのです。毎朝、今いるところに感謝しながら目覚めることができるのです。そうでないと、その場所に対するネガティブな思いを自分自身に向けてしまうことになります。そうした否定や批判は地球そのものにまで広がっていきます。

自分にたずねてみましょう。「私が好きになれて、幸せでいられる場所はどこだろう？」と。ほかの町でしょうか？　ほかの地方、ほかの国でしょうか？　あなたの大好きな場所を自分にプレゼントしてください。そうすると、あなただけでなく、あらゆる人やものがその恩恵を受けるでしょう。

あなたの仕事を愛していますか？

仕事についても同じことが言えます。「好きなことをしていると宇宙のほうから手を差し伸べてくれる」とよくいわれますが、これは本当です。

生活のためだから仕方ない、そうしなければ生き延びられないからと考えてその仕事をするとき、その人は実際のところ戦争に加担しています。そう、戦争です。戦争のエネルギーとは「そうしなければ生き延びることができない」という否定的な思いこみや観念でできています。このような姿勢で生きていれば、その人の内側はたえず戦争状態です。しかも仕事仲間や同僚まで好きになれないとすると、まわりの人たちとも静かな戦争をしていることになります。

スピリチュアルな人生を大切にするなら、〝生活のための仕事〟という固定観念を手放す必要があります。それは幻想にすぎないのですから。あなたを含めたすべての人が幸福に値する存在なのです。ですから、あなたが心から愛せる仕事や、心から楽しんで働けるところを見つけてください。そうすれば、あなたも世界ももっと平和になるでしょう。

あなたの創造性を愛していますか？

私は〝創造性〟という言葉が大好きです。創造性とはインスピレーションに触発されて湧きあがってくるものです。では、あなたを触発するものは何でしょう？　歌やダンス、生け花や絵を描くこと、掃除や裁縫、車の運転、それともコンピュータでしょうか。創造性は、あなたを突き動かすようなひらめきを通じてやってきます。

自分を誰かと比べることは偽りのエゴの手段です。人との比較はいつだって間違っています。私たち一人ひとりが、〈すべてなるもの〉であるワンネスのかけがえのない一部であり、それぞれにユニークな個性を持った存在なのです。誰一人が欠けてもそれは完成しません。ですから、どの人がすることにもみな価値があります。

私は『ミュータント・メッセージ』という本が大好きでした。それはオーストラリアの先住民族について興味深い視点から語った本で、彼らはたがいに対等な存在として尊重しあっています。たとえば楽器を奏でる男性は、幼虫をつかまえるのが得意な男性と等しく大切な存在であり、子どもをあやすのが上手な母親もまた等しく大切な存在なのです。

ほかの人が何をしているかに関係なく、みな自分のしていることの中に貴重な価値があります。あなたが有名ではなくても、歌っている自分を愛していれば、その二つとない独自の天性ゆえにあなたは最高の存在です。自分がしていることを愛してください。あなたが一番好きなことを創造的なやり方でできるよう、インスピレーションに導いてもらいましょう。

『ミュータント・メッセージ』
Mutant Message Down Under

1937年にアイオワ州に生まれたマルロ・モーガンは、オーストラリアの「真実の人」という部族について本を書き、米国で1990年に出版された（邦訳『ミュータント・メッセージ』角川文庫。訳註＝現在はフィクションとして出版されている）。

アモラは創造性について語る際、この本にふれて、「ほかの人が何をしているかに関係なく、みな自分のしていることの中に貴重な価値がある」と述べている。オーストラリアのアボリジニの人々は、他の先住民文化と同様に、一人ひとりが独自の能力を持っていることをよく理解して尊重しあう。そしてどんな能力であれ同じように敬い、年長者については「人の真価は決して年をとらない」と言う。

アモラ・クァン・インのワークと、マルロ・モーガンのこの本にはさらなる関連がある。『プレアデスタントラ・ワークブック』（ナチュラルスピリット）の中でアモラは「太陽の神殿」と呼ばれる地球の一連の聖地について書いている。その聖地のひとつはオーストラリアのウルル（かつてはエアーズロックとして知られていた）の近く、地下30メートルほどのところにある。アモラはその場所を人に明かさないよう口止めされたという。彼女はこの大洞窟を透視し、そのビジョンをこう語った。①とても巨大な洞窟である。②イニシエーションや集団瞑想の場だった。③天井から洞窟の中央部に水がしたたり落ちている。④夢見の儀式によって地上の各地を観察していた。⑤ヨーロッパ人たちが地下世界に入ってきたとき、この洞窟は封鎖された。⑥洞窟の真ん中に太陽がホログラムで投影されていた。

いっぽう、『ミュータント・メッセージ』には次のように述べられている。

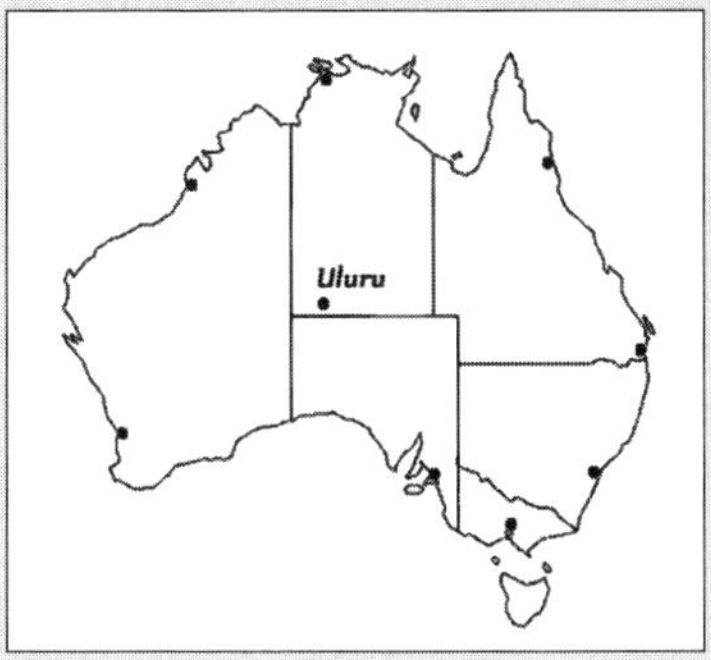

その部族は地下への入り口にたどり着いたが、そこはあまりにも神聖な場所として崇められているために彼らはマルロを中に入れてよいかどうか3日間にわたって議論した。この聖地はもともとウルルの近くにあったのが、観光客がやって来るようになって場所を移したことを知らされる。そして彼女は、この場所の位置は決して明かさないと一人ひとりの目を見ながら誓わなければならなかった。

入ることを許されてマルロが最初に目にしたのは地下庭園で、洞窟の真上から太陽の光が差し込んでいた。そして水が岩の上にしたたる音がずっと聞こえていた。洞窟内にはたくさんの部屋があり、それぞれ異なる目的で使われていた。太陽の光が正確に年に一度だけ、いちばん下まで照らす柱もあった。通路の壁画には世界の年代記が描かれていた。彼女はそれから洞窟内の中心の部屋へと連れていかれる。その部屋の壁は磨かれたオパールで、懐中電灯の光を反射して美しい虹色に輝いていた。まるでクリスタルの中心にいるような感じだった。この部屋は人々がワンネスと直接つながるための場所だったことを彼女は教えられた。

マルロの表現はアモラとずいぶん違い、視点もまた異なっている。しかし二人の描写には細部における一致点が見てとれるだろう。

（ステファン・ミューアズ）

あなた自身を愛していますか？

これはなんと誤解されやすい質問でしょう！　ずいぶん昔のことですが、私は次から次へとリーディングを受け、そのたびに「もっと自分を愛しなさい」と言われつづけていました。その言葉にうんざりしていたころ、またしても同じことをセッションで言われ、思わずかっとなって「どうしてみんな自分を愛せとばかり言うの？　どうやって自分を愛せばいいのか、誰も教えてくれないじゃない！」と言い返しました。そのとき私はとても頭にきていたのです。そこで学んだのは、誰にも自分自身の愛し方は教えられないということでした。自分だけが、自分を愛するという決意によってその方法を学ぶことができるのです。私たちはみな自分自身で自分を愛することに取り組まなくてはなりません。

ガイドたちはここ数年来、自分のすべてを愛する必要があると言いつづけています。自分の中の批判的で否定的な声も、魔女や殺人者だった過去世も、赤ちゃんのように泣き叫んでいる自分も、うつの自分も、悲しみに打ちひしがれている自分も、ありとあらゆる自分を愛することが大切なのです。もしも今の自分をまるごと愛することができなければ、ハイアーセルフに自分の好きになれない部分を告げて助けてくれるように求めましょう。その部分を完全に無条件に愛せるようになるまで、あきらめずに続けてください。必ずできます。

もちろん悪い部分だけでなく、良い部分も同じように愛しましょう。愛は現実に存在する、もっとも可能性に満ちた癒しのエネルギーです。あなた自身が愛せなかったり嫌っている部分であっても、愛はすべてを癒してくれます。あなたはその嫌いな部分に戦いを挑んだり、それを変えようと頑張ったりする必要はありません。ただその部分を愛のまなざしで見つめてください。そうすると少しずつ変化しはじめ、やがてあなた自身の一部として統合されていきます。

愛は現実に存在する、もっとも可能性に満ちた癒しのエネルギーです。

ある人との関係が破綻したときのことを思い出します。私はとても惨めでした。ベッドにつっぷして泣いていると、ふっと心の中に〝自己愛〟という言葉が現れたのです。その瞬間、自分への愛おしさがあふれるように押し寄せました。「この愛があれば大丈夫」と私は言っていました。なんという祝福でしょう！　ようやく私は自分を愛することができたのです。

今から、あなたの好きになれない部分を一つずつ愛するように練習してください。あとから自己愛がやってきます。

〈すべてなるもの〉と一つになるという目的に到達したければ、自分のすべて、人生のすべてを愛することを学ばなくてはなりません。自己否定をきれいにとりはらい、あなた自身ともっともっと〝一つ〟になってください。あなたのどんな部分も疎外することなく、あなた自身に統合してください。ほかのことはみな、あとからついてくるでしょう。

3章 自分の過去を愛する

ワンネスへと還っていくことは私たちの神聖な運命です。その道を歩むにあたって、より早くワンネスに到達できるような生き方があります。私たちはきわめて加速された時を生きています。真摯《しんし》にスピリチュアルな道を歩む人々は、未来を開くパイオニアです。みずから覚醒してマスターとなる道を人々に示しているのです。別の言葉でいえば、私たちは時代の最前線に立つ水先案内人なのです。

この章では、そのために必要なことをお話ししていきましょう。今は、この人生であれ過去世であれ、あなたが出会ったすべての人々や出来事に感謝するときです。すべての体験が学びのためだとしたら、私たちに起こったどんなこともそこから学ぶためにあったのです。それをとおして私たちは進化していきます。

私たちに起こったどんなことも
そこから学ぶためにあったのです。

真実の自己に帰る

真実の自己に帰るという魂の旅のなかでまず学ぶ必要があるのは、私たちは身体ではないということです。心でもありません。感情でもありません。経験でもありません。私たちはそれらのすべてから学び、より高次の自己に進化するのを見守っている観照者です。私たちはみな一つであり、まさにすべてを〝学びの体験〟として祝福することを学んでいるところなのです。

その学びの体験はじつにさまざまな形をとるでしょう。たとえば、私にとっては生後6週間の赤ん坊のときに父親からはじめて性的な虐待を受けるという体験がありました。そして1歳のとき、父は私をまくらで窒息死させようとしました。一度死んだ私は、プレアデスの大天使たちの助けによって息を吹き返しました。これらの体験を最初に思い出してから、私は長い間ずっと苦しみつづけました。けれども最終的にその傷を乗り越えて、自分がその体験から何を学んだのかを理解するようになりました。

それは、自分がこの家族を選んで生まれてきたということでした。私はこの人生で多くの試練を乗り越えるという契約を持っていたのです。いくつかのカルマを浄化するための体験をしなければなりませんでした。なぜかというと、過去世で体験したことをいまだにトラウマや痛みとして見ていたからです。人を傷つけたこともありました。それらの体験を、トラウマという幻想として抱えつづけるのをやめて、愛と慈《いつく》しみのまなざしで見られるようになるまでは、同じような体験がくり返されることになるのです。

人生最大のレッスンは、私たちは永遠の存在であり、どんなことが起こってもそれはいっときの体験であって、そこから学んで霊的に進化していく必要があるということです。私たちは永遠なる光の存在です。それ以外はすべて一時的なものであり、超えていくことができます。本当の意味では被害者というものは存在しません。そうした体験をとおして私たちは幻想を超え、自分についても、また〝ひどい仕打ちをした〟相手についても、赦しと慈しみを学ぶことができます。

加害者を非難しても何にもなりません。人は体験をとおして成長しなければならないのです。その人が学べなくて進化できないとき、その時点で誰かを傷つけざるを得なかったかもしれません。誰もがその時その時に精一杯できるかぎりのことをしているのだと私たちは認識する必要があります。責めるべき相手はいません。もし彼らも体験から学び、みずからの聖なるスピリットと深くつながることができていたら、そうした行為には及ばなかっただろうと見ることもできます――欺《あざむ》きや不道徳でも、暴力や性的虐待でも、あるいは過去世での黒魔術や殺人であっても。

私たちの実体は、人間としての自己ではありません。高い目的のためにこの人格をまとっているだけなのです。肉体が消滅すると、私たちは高次元の光の存在になります。そして必要があれば、その人にとって重要な意味を持つことがらが別の人生へと持ち越されます。

たとえば、今の人生で「私は誰からも深く愛されない」という現実を生きていたとしましょう。そうするとその幻想を超えるまで、何度でも別の人生で愛されない体験をくり返すことになります。〝愛されない自分〟の原因になっている無価値感、自己卑下、親密さへの怖れなど、すべての思いこみを取りのぞく必要があるのです。自分が愛に値することを理解し、親密さへの怖れを手放すまで、それは続くでしょう。あるいは、「私は決して自由になれない」という幻想を信じているとしたら、次の人生でもその後の人生でも自由が侵害されるような状況が生み出されるでしょう。自分は本当は自由であり、自分以外には誰も自由を奪えないということを学ぶ必要があるのです。

今の人生でいつも自分が犠牲者のように感じているとしたら、これからも無力な犠牲者の状況に置かれるような人生を創造しつづけるでしょう。けれども、あなたが体験から学んで犠牲者であることを乗り越えてしまえば、同じ体験はもう二度と起こりません。また自分の本心を正直に話すことに怖れがつきまとっているなら、誰に対してもいつでも正直に話せるようになるまで、その問題に何度でもくり返しぶつかることになるでしょう。

学び、成長して幻想を超えれば超えるほど、あなたは進化します。あなたの真の自己が戻ってきて、偽りのエゴの人格は消えていくのです。私たちは大いなる全体であり、すべてが可能です。私たちはみな一つなのです。

今は私たちが抱えもっている過去のトラウマを癒し、そこから学ぶときです。あなたの過去に何があったとしても、これまで封じ込めてきた古い感情を身体の外に出してやり、自分を赦し人を赦すことを学ぶと、あなたは成長しはじめます。少し時間をとって、大天使ミカエルに助けを求め、これまであなたが自分や他者と交わした「決して自分を（あるいは誰かを）赦してはならない」という契約をすべて出してもらいましょう。1章の契約解消の手順にしたがってそれらの契約を残らず破棄したら、次に赦しのワークに取り組みます。あなたが責めつづけてきた人を——あなた自身も含めて——すべて赦してください。そしてそのあとに、あなたを傷つけた人に対する慈しみを学ぶ必要があります。その人に恵みが訪れるように願いましょう。相手に変わってほしいという期待や執着は手放します。その人は自分のペースで変わっていくことを知ってください。その人の真の自己を愛するのです。

愛を学ぶには、その人からもらった贈り物に感謝することです。彼らのおかげであなたはその体験を癒し、乗り越えることができたのですから。そうしてあなたは学びと成長の道を歩みつづけるのです。

過去から学ぶ

小暴君から価値を学ぶための教えはたくさんあります。〝小暴君〟とは、あなたに苦しみをもたらすような人のことです。そこには裏切り、不道徳、盗み、暴力その他あらゆる行為が含まれます。しかしそれが何であったにせよ、小暴君はその行為によってあなたに何かを教えている先生なのです。たとえば、私は父から殺されかかったことで、スピリットが肉

小暴君

アモラは「小暴君から価値を学ぶための教えはたくさんあります」と言う。アモラがこの言葉でいおうとしていることに符合する、四つの例を挙げてみよう。

カルロス・カスタネダは著書『意識への回帰―内からの炎』(二見書房)の中で、小暴君とは苦しみをもたらす者であると述べている。それは私たちの生死を左右する力を握ることもあれば、心を混乱させかき乱すこともあるが、小暴君は愛着を断つことを教えてくれるという。

個人の成長と意識に関する著述家、シェリ・ローゼンタールは「小暴君とは私たちを苛立たせ悩ませる力を持つ者だ」と書いている。私たちはそれに屈してしまうこともできるし、怒りの反応を克服して批判するのをやめ、その人を受け入れることを選択してもいい。

エイブラハムという意識をチャネリングするエスター・ヒックスはその著書『理想のパートナーと引き寄せの法則』(SBクリエイティブ)で小暴君に言及している。エスターは小暴君を広い意味での「友人」と呼ぶ。この友人は私たちを困らせて次々と問題に巻き込む。彼らとの人間関係はトゲのように不快で悲嘆をもたらすが、まさにそのおかげで私たちを霊的に成長させることになるという。

トム・ケニオンはサウンド・ヒーラーであり、著述家であり歌手でもあるが、2012年の「すべての可能性を秘めた球体」というセミナーで小暴君のことをこう語っている。「お坊さんのようにすべての人間を好きにならなくてもいい。そんな必要はない。じつにおかしな話だが、ときに宇宙は、あなたにとって耐えがたい人物を鏡のように隣にもってくる。その人の服の色が気に入らないかもしれないが、それは絶好の機会だと気づいてほしい」

(ステファン・ミューアズ)

体を超えて生きていることを知りました。身をもってこれを学べたのは父のおかげだと気づいてから、私は父に感謝し、愛と慈しみを感じられるようになりました。その学びによって、私は教師やヒーラーとしてさらに成長をとげることができたのです。ある意味では、私は父との問題によっていやがおうでも癒しのプロセスを通過せざるを得なくなり、その結果ようやくこの問題を乗り越えて、終わりにすることができたとも言えます。

もちろんはじめは父に愛や慈しみを持つなんて、とんでもない話でした。癒すにはあまりにも大きすぎる感情的トラウマを抱えていたのです。私は感情を奥深く封印していました。父との問題に付随して、浄化しなければならない思いこみや契約が山のようにありました。そして、なんとかやり遂げました。すべてのプロセスに取り組んだのです。今、私は父に愛と慈しみを感じています――赤ちゃんの頃の自分を愛し慈しむのと同じように。こうして自分を深く愛せるようになったのもやはり父のおかげで、とても感謝しています。

体験するすべてのことが、私たちの学びと成長と進化をうながしてくれます。それはとてもありがたいことです。その体験をさせてくれた相手に、私たちは結局のところ感謝することになるでしょう。そこから学んで成長していけるのですから。そのとき小暴君は、私たちの愛すべき先生となります。親しく愛しあえる相手ではないかもしれませんが、よき先生役を果たしてくれたのです。

人生のあらゆる体験を祝福してください。この人生であれ、過去世であれ、全部です。あなたが過去世で殺されたのなら、あなたを殺した相手への恐怖を手放し、同じシナリオがくり返される恐怖を超えなければなりません。あなたが黒魔術師や黒い魔女だったとしたら、ふたたび同じ過ちをしないために、よく調べてその可能性を超える必要があります。私たちが過去世で他者になした有害な行為はすべて、自分がどのような人間かを選択する機会として体験する必要があったものです。そしてもう二度と同じことをしないという意識レベルに達したとき、私たちはそのカルマを超えて、より健やかな人になります。

私たちは過去の自分の〝悪〟を超えられるのと同じく、他者への〝非難〟も超えることができます。彼らもあなたと同じように学び、成長し、超えていく過程にあることに気づいてください。その奥底には健やかな人が宿り、生まれいずる機会を待っているのです。彼らがついにそうなるという可能性を祝福してください。あなたと彼らのあいだには、何の貸し借りもありません。

あなたにとって、今の人生を含めたあらゆる人生で、誰かに対して「貸しがある」という契約は何でしょうか。大天使ミカエルにお願いして、すべての契約を洗いざらい出してもらいましょう。そして1章の契約解消の手順にしたがってすべて破棄します。そして今度は逆に、あなたのほうが誰かに対して「借りがある」という契約を大天使ミカエルにすべて出してもらってください。同じように、それらの契約もすべて解消しましょう。

私たちはみな平等です。スピリットは知っています。それぞれの進化と成長が今日起ころうとも、二つ先の未来世で起ころうとも、だれもが対等なのです。高次元の視野から見ると時間も空間も存在しません。個人に起こった出来事によって価値が決まるわけではありません。誰もがそれぞれの聖なる計画にもとづいて自分自身の道を歩いています。その聖なる計画を今ここで終えたとしても、千年前に終えていても、あるいは未来に終えようとも、私たちのガイドや〈神／女神／すべてなるもの〉の目から見れば、すべて等しいのです。私たちは誰とも比較のしようがありません。すべての人が永遠に対等な存在なのですから。

この深い気づきに感謝して祝福しましょう。それは「すべてよし」ということを意味しています。みんな申し分なく、すべてありのままでいいのです。

第Ⅱ部

バランスと対等性

Balance & Equality

4章 男性と女性のバランス

この世界は過去に三つのパターンを経験してきました。太古の時代、男性と女性は対等に生きていました。また、女性が男性を支配した時代もありました。その後、男性が女性の上に立って支配する時代が最近までつづきました。そして今、ふたたび男女が対等にもどりつつあり、これからは永遠に変わらないでしょう。

この本のプロローグで、創造の物語は男性性と女性性の誕生から始まりました。そのはじまりにおいて、聖なる母と聖なる父のあいだに畏敬と驚嘆がほとばしり、一瞬にして完璧な愛が出現したのです。それが性の誕生でした。その聖なる母と聖なる父の関係を引き継ぐ両方の性に、つまりすべての人々に、純粋無垢な深い無条件の愛をとりもどすというのが私たちの聖なる計画なのです。

あなたが信じるかどうかはさておき、私たちは地上の恋愛や友情といった人間関係においてもその純粋無垢な無条件の愛を体現することができます。けれども私たちはとてもたくさんの先入観や分離感、不信感などを生まれ持っているために、まずはそこから癒さなくてはなりません。長い時代にわたって私たちは男女の分離という問題を抱えてきました。それは地球のこの時代、ピークに達し、多くの人々が解放を求めて自由になろうとしています。

男女の分離について、トートはあなたがたに次のように語りかけます。

聖なる子どもたち、聖なる創造者よ、地上ではあまりにも長いあいだ、父親の役割が人間の宗教的習慣によってゆがめられてきました。キリスト教だけでなく、仏教やイスラム教、ヒンズー教その他の宗教でもそうでした。世界中の宗教において、聖なる父を唯一の神とみなし、あるいは神の代行者としての厳格な役目をあてはめてきたところがあります。この神は、子どもたちを裁くために監視し、罪を犯す者を罰します。これはあなたがたと聖なる父との溝を広げるばかりでした。このような役目は真実ではありませんせん。しかしあなたがたが純粋で神聖だとみなす先住民族の文明においてさえ、災いが起きるとそれを神の罰だと解釈しました。自然界の精霊や天の父が、自分たちの過ちを

罰したというわけです。そんなことはあり得ません。

物理次元には因果の法則があります。つまり、あらゆる動きが原因となって何らかの反応や結果を引き起こすというものです。これが次々と連鎖反応をつくりだしていきます。それは物質界における自然の法則です。しかし創造それ自身に原因と結果が内包されているために、この法則はもっとも高い次元にまで及びます。したがってこれは自然の法則でありながら次元によって意味が異なり、たがいに絡みあっているのです。あやつり人形の糸を引いて運命を決定する神など、どこにもいません。

神は、人々が学んで成長できるよう、あなたの自由意志による選択を尊重します。存在するのはただ大いなる愛の神だけです。その神は男性でも女性でもなく、また男性でもあり女性でもあります。神の聖なる父の側面はひたすら創造を愛し、あなたの美しさを見てただ愛します。あなたによって触発されると、愛を電気的な生命力としてあなたに伝えます。神は偉大なる創造者であり守護者です。あなたを見、愛おしみ、そして触発されます。あなたはそのエネルギーにいだかれているのです。ですから、いつどんな瞬間にもその大いなる愛のやすらぎを感じ、聖なる父の叡智と理解を深く受けとることができます。

あなたがいだく男性性のイメージによく注意を払うよう、私たちは願っています。というのも、原罪や分離のパターンにおいて、しばしば男性性とは支配し罰するもので、暴力的で利己的で他者への思いやりがないと見なされてきたからです。しかし、あなたがたはそうではない男性性を見たことがあるでしょう。聖なる母を体現している女性たちがいるのと同じように、聖なる父を体現している男性たちもいます。ハートの叡智と冷静な知性によって、慈しみとともに過去の見方を今の認識におきかえていきましょう。男性性は美しい聖なるエネルギーです。この世界で男性たちが加害者でも父権的支配者でもないことを証明できるように、ただ彼らの真価を認めてください。彼らが本来の自分自身である聖なる父の性質を顕現できるよう手助けしてください。あなたの過去の体験を、それとまったく無関係な男性に投影するのはやめましょう。

いうまでもなく、同じように女性に対しても投影がなされています。それでも私たちがあえてこのことに言及するのは、この地球上では父権的な家父長制がきわめて長期にわたって威力を持ちつづけてきたからです。たしかに、この惑星に長らく恐怖をはびこらせてきた闇の支配者たちは男性でした。しかし、そのことと男性性の普遍的な資質とは何の関わりもありません。それは、完全に演じられているドラマにすぎないのです。

女神にもやはり、支配したり悪態をつくという闇の側面はあります。特定の属性や誰かを責めるためにこれを言っているのではありません。責められるべきは、現実への誤解と無知なのです。

この地球上に、女性の種族が男性を奴隷にして性的に虐待していた時代があったことを知っているでしょうか。彼女たちは男性にオーラルセックスを強要し、また性器を勃起させる物質を知っていたので、つねに男性はおびえて生きていました。いまだにそういうドラマを生きている男性もいます。今の時代、性的な傷をかかえている女性たちは、自分を被害者だと考える傾向が男性よりも強いようです。それは女性たちを後戻りさせ、男女の隔たりをいっそう大きくしてしまいます。

今はもう、どちらが先に傷つけたか、どちらがより深く傷つけたかという議論はやめなければなりません。このような比較意識は精神の深いところにあって、人によってはそれがひときわ強くなっていることがあります。男性のなかには、自分が加害者でないことを証明するために何度も転生をくり返した人もいます。彼らは闇の役割を演じたことがありますし、女性もやはりそうでした。ほとんどの女性は過去に男性として生まれたことがあり、光と闇の両方を経験しています。そうです、あなたの中にはすべてがあるのです。性的虐待の被害者だと感じているあなたの中に加害者もいます。あなたのけがれない本質はこれまでも、これから先もつねに在りつづけ、決して変わることはありません。たとえそれを探している真っ最中でも純粋無垢な本質は存在し、けがされることはあり得ないのです。

あなたがただ「あなた」という存在であるためには、誰かに対して何かを証明しなければという欲求は癒しのなかで取りのぞかれなければなりません。自分の無実や真価を証明したり、自分が愛に値する存在だと証明する必要はもうないのです。今は証明することをやめ、決して朽ちることのないあなたの純粋無垢さを抱きしめるときです。それは瞑想やスピリチュアルな鍛錬を通じてやってきます。

瞑想に深く入るほど、あなたは観照者としての位置に立ちやすくなります。観照者とは、好感も嫌悪感もなく、ただそのままに見守っている人です。ニュートラルで無心な立場の存在です。あなたの中にいる観照者とつながればつながるほど、自然にスピリットとの絆をとり戻し、人に何かを証明したいとも、誰かを責めたいとも思わなくなるでしょう。そしていつでも聖なる母と聖なる父、ワンネスである神とつながっているのを感じるようになるでしょう。あなたはあなたの道を歩いています。私たちにできることは、あなたがたが少しでも速やかに故郷への道を歩んでいけるよう、ただそれを思い出させるだけです。

あなたがたの誰ひとり、純粋無垢でない人はいません。ほんの一瞬であろうと、聖なる母と聖なる父、〈すべてなるもの〉の根源である神から愛されなかったことなどないのです。一秒たりとも私たちがあなたと共にいなかったときはありません。あなたの内側でこれが本当だと気づくと、この真実を心から確信できるようになり、人生のあらゆる状況にあてはまることがわかります。そのときあなたは自分の癒しがずいぶん進んだことに目を見張り、その恩恵に感謝するでしょう。なぜなら、それに対する疑いが葛藤を生み出してきたからです。

愛がいつも普遍的に存在していることが信じられないという、この疑念こそが、分離、非難、憤怒、抵抗、無価値感、恥、怖れといった幻想をつくりだしています。愛が永遠にありつづけることをハートと知性で知っているとき、故郷に帰る道のりはずっと優しく、はるかにスムーズです。あなたはどんな一瞬一秒もたえずやむことのない無条件の愛に満たされ、その美しさと恵みを感じることになるでしょう。

こうした現実を迎え入れ、あなたの世界を変えてください。するとまわりの世界も変わっていきます。それが真実の世界です。そのときは来ます。すでにそうなっている人もいて、痛みが解放されると同時に愛を感じるでしょう。その愛は、これまでつくりだしていた幻想を一掃する強さをもたらし、絶望やあきらめという幻想を乗り越えさせてくれます。ですから痛みを感じている解放のさなかに、あなたのハイアーセルフから、そして聖なる母と聖なる父、神や天使たちや高次元の光の存在からやってくる愛と歓びを受けとるように心がけてください。なぜならそのようなときこそ、愛は強められるからです。痛みを感じていたらそれ以外なにも感じられないと信じているのは、あなたの一部にすぎません。痛みと同時に愛を感じることができます。そのとき、あなたは壁を打ち破ったのです。自分が感じているのはただ流れゆく過去のエネルギーにすぎないとわかり、それがあなたの身体と意識を通り抜けるだけで癒されるのがわかるでしょう。癒しが起こったとき、愛は永遠の今となります。

かつてこの地球上に生きていた私たちは、人間であることの苦難をよく知っています。そして幻想の闇をつきぬけてきたことで、体の中にいるスピリットの栄光もまたよくわかります。それゆえ私たちは、体験からも、そして体験を超えたところからも語りかけているのです。愛はつねに変わらず存在しています。

最後にもうひとつ。もしあなたを深く愛し、あなたのことを気づかってくれる親友がいたら、あなたもその人のことを深く愛して気づかうでしょう。あなたが海の向こうに旅してもその愛は消えたりしません。あなたさえ距離や隔たりという幻想にとらわれなければ、大海原を越えて愛を感じることができます。ある朝目覚めたときに、そこにいない誰かの愛を間近に感じたり、ふと思ったら電話や手紙やメールが来たりすることはないでしょうか。聖なる母と聖なる父の永遠の愛も、そのようなものです。そのときあなたは彼らとともにいるとは思えないかもしれませんが、実際はすぐそばにいても地上世界では感じにくいのです。あなたはいつでも大海原を渡っていくことができます。愛は軽やかに旅をします。あたかもそこにあるかのように見える物理的な距離に注目するか、それともただ愛を感じて感謝を送りかえすか、それはあなた次第なのです。あなたの選ぶ視座が、違いを生み出します。

あなたがうずくまって自分を憐れみ、「故郷に帰りたい。私はこの地球の存在ではない、ここは私の居場所じゃない……」と言うとき、自分に嘘をついていることに気がついてください。あなたの出身がどこであろうと、何の違いもありません。はるか遠い宇宙からやって来たとしても、地球出身だとしても、故郷とはあなたの意識があるところです。あなたの魂が存在するところが故郷なのです。あなたの姿かたち、体型や皮膚の色や性別がどんなものであれ、その身体があなたの住む家です。その家を故郷にするのはあなたです。あなたがそこにいて、自分の住まいを慈しみ、居心地のよい家にしようとすることでそこは故郷になります。故郷とは、どこであれあなたのハートがそのとき存在する場所です。

もしあなたが故郷から遠く離れていると感じ、帰りたいと切望しているとしたら、自分自身との関係をしっかり築きなおしてください。つねに愛し愛されている関係が自分とのあいだに確立されれば、故郷から遠く離れているようには感じなくなるでしょう。どれほど遠い宇宙を旅してきたとしても、究極の故郷はあなたの内側以外にはありません。魂もまた、どこまでもあなたと一緒に旅してくれる携帯の家のようなものだと言えるでしょう。その家があなたの故郷です。

あなたが私とともにいて、この言葉を聞き、いま受けとれるかぎりの愛を受けとってくれたことに感謝しています。その愛は決してやむことなく、私も聖なる母も聖なる父も、時のはてまでつねに変わらずあなたとともにいます。

1980年代後半に、私はとても素晴らしい特別な体験をしました。新しいパートナーとはじめて一夜をともにしたとき、驚いたことに観音《かんのん》と弥勒《みろく》が現れたのです。そのときは弥勒とはわかりませんでしたが、観音と同じくらい強力な聖なる存在であることがすぐに感じられました。観音と弥勒は、信じられないほど神聖な愛の空間をもたらしてくれました。そのとき告げられた話では、仏陀が地球の高次元世界における指導者の役目を終えて2012年に地球を去ることになっており、観音と弥勒がその後任に就くとのことでした。

そして仏陀※の座はもう二度とどちらか一方の性で占められることはなく、その後は男女両性によって均等に保たれるというのです。彼らがその座を引き継ぐにあたり、地上において男性性と女性性が対等にバランスよく保たれ、無条件の愛が体現されている必要があるのだと言いました。そして私に、そのエネルギーを保持したいかどうかとたずねるのです。即座に私が「はい」と答えると、彼らは私がそうなるよう、ほかの光の存在たちの助けもかりて導いてくれることを約束しました。彼らの説明によると、こうしたエネルギーを身体に保持する男女が地上で十分な数に達するまで、この新しい座が地球の高次元に据えられることはないとのことでした。

2週間後、私は近くの精神世界関係の書店を訪れました。店の中に入ると、あのとき観音

※編者註　仏陀とはもともとサンスクリット語で「目覚めた者」、「悟りを得た者」を意味する。

と一緒に現れた存在の絵が目に飛び込んできて、あの男性存在が弥勒だったことを知ったのです。私はその絵を購入しました。その翌日、あるスピリチュアルなグループから小冊子が送られてきました。それまで何度か受けとっていたのですが、一度も開封したことはありませんでした。でも、このときは急に開けてみようという気になり、封を開けると同時に中から冊子がこぼれ落ち、ぱらっとページが開いて「観音と弥勒」という見出しが現れたのです。驚いて読んでみると、仏陀の座を観音と弥勒が継承すること、そしてその後はずっと男女両性によって維持されるということが書かれていました。これついては一段落しか述べられていませんでしたが、私にとっては疑いようのない確証でした。

この体験は、私の人生を大きく変えました。分離と誤った観念という問題に気づきはじめ、その気づきが年ごとに広がっていったのです。そこでわかった大きな問題のひとつは、地球上すべての人々が何千年も昔に、ルシファーおよびその信奉者たちと契約を結んでいたということです。彼らは地球人類を観察しつづけ、どうすれば大多数の人々を、また人類全体をあやつることができるか、その方法を調査研究していました。そして男女の分離こそが人類を支配する鍵だという結論に達したのです。

ルシファーたちはこれに取り組み、人間たちの霊魂に強い男女の分離感を刻みつけました。

そして頃合いを見計らって、ついにあるとき全人類の男女にいっせいに衝撃波を送り、そのエネルギーで惑星全体の契約として成立させてしまったのです。その契約とは、「どちらの性も決して異性を信用してはならない。もし信用すれば異性から意のままに支配され、最終的には地球全体を異性に征服されてしまう」というものでした。こうして地球の男性たちは男性どうしで、女性たちは女性どうしで、それぞれに契約を結んだのです。

この契約には次のような細目が定められていました。

1. 決して異性を心から愛してはならない。愛は表現しないで隠しておくこと。
2. 決して異性を信用してはならない。
3. 異性に感情を見せるとそれを使って支配されてしまうので、決して本当の感情を見せてはならない。
4. 優位を保つため、異性には知っていることの一部を隠しておかなければならない。
5. 受動的攻撃の立場をとりながら支配しつづける方法を見いだすこと。
6. 異性に対する支配戦略とその苦労は、つねに同性どうしで分かち合うこと。
7. 異性の過ちや悪事は決して見逃してはならない。

この地球規模の契約は、文字通りまたたくまに一瞬で成立してしまいました。私は何年にもわたって、じつに大勢の人々や多くのグループの契約を解消することに取り組みつづけてきました。そのなかで明らかになったのは、契約を破棄した人は、同じように破棄を望んでいる他の人々の契約解消も命じることができるということです。ですからあなたも時間をとってまず自分自身の契約を解消し、つぎにそれを望んでいる人々のために契約解消をしてください。

黒魔術師、黒い魔女のクリアリング

男性集団でも女性集団でもしばしば黒魔術が用いられてきました。過去にどんな集団に属していたとしても、私たちは対処することができます。黒魔術師（サタンに仕える男性たち）と黒い魔女には共通点があります。それは、どちらも異性を敵と見なし、つねに主導権争いをしてきたということです。あなたが過去世で黒魔術や悪魔と関わったとしても、恥じるには及びません。それは多くの人がたどった道であり、完全な光の中に出たときに自分の選択が何だったのかを理解するために必要だったのです。あなたは黒魔術を使う可能性を完全に超えたとき、正と邪の違いを学び、最終的に正しいことを選びました。

黒魔術に関わった過去世では、私たちは光よりも闇のほうが強力だと信じていました。もちろんそれは幻想です。光は真実であり、永遠に滅ぶことはありません。闇とは単に光と真理の不在であり、エゴの選択にすぎません。それは一時的な状態です。もしもそのような古びた思いこみが自分にまだ残っていると感じたら、今すぐに浄化しましょう。

黒魔術の集団ではメンバー間でたくさんの契約を結びました。そしてほとんどの人が無期限の永久契約をいまだに持っています。たとえば、同じ黒魔術集団のメンバーをつねに助けなければならない、もし光に帰依しようとすればメンバーに破滅させられるか抹殺される、などです。あるいは過去世において、もし自分が光に帰依しようとしたらみずから自分を破滅させるか殺すという契約を、自分自身と交わしている場合もあります。

そのことを私はずいぶん前の体験から学びました。ある夜、誰かに首を絞められているのを感じて目を覚ましたのです。飛び起きてよく見ると、その存在はなんと私自身でした。ガイドが現れて、それは過去世の私であり、もしいつか光に帰依しようとすれば自分を殺すという契約を自分自身と結んでいたことを教えてくれました。私はその契約を破棄しました。

ところが過去世の私は去ろうとしません。するとガイドから、アセンションしたキリストの光の男性同胞団と女性同胞団を呼び入れるように言われました。私はすぐに彼らを呼んで助けを求め、私の一部である過去世の自分を光のシティに連れていき、夢のチェンバーで眠らせてくれるようにお願いしたのです。彼女はそこで眠りにつき、私の今の人生を夢で見はじめました。私が光の道を選択し、すべてを統合して生きているのを見ると、彼女は光の中に溶けていき、やがて完全に消えてしまいました。すべての自分を統合するために、私はこの人生ですみずみまで真実の光を生きる必要があったのです。

あなたもガイドに助けを求めることができます。あなたが過去に関わった黒魔術集団との契約、それに付随する自分との契約をすべて解消してください。そして集団のメンバーと交わした、「私はつねに異性と戦って自分の性の優位を証明する」という契約も破棄してください。異性の集団のメンバーもまた同じ契約を持っているでしょう。あなたが今世で関わっている誰かとも、何らかの契約をしている可能性があります。いまだに黒魔術的なやりとりをしているかもしれません。母親や父親、兄弟や姉妹、友人、恋人、夫や妻、それとも教師でしょうか。それらの契約をすべて破棄しましょう。

それがすんだら消去の光のチェンバーを降ろしてもらい、あなたの肉体、オーラ、ホログラム体から、そして過去世からも、黒魔術をあとかたもなく一掃してくれるよう求めます。すべてが完全にきれいになるまで数分間かけてください。場合によっては、過去の契約であなたに憑依している闇のエンティティを取りのぞくために光のデポジション・チェンバーが必要になるかもしれません。すべての闇のエンティティとの契約を残らず解消してから、光のデポジション・チェンバーを要請しましょう。そして今までにない、素晴らしい自由を味わってください。

女性の秘密同盟を解消する

多くの女性たちが、「光の女性の秘密同盟」と名乗る女性集団と結びついています。この集団の目的は男性に対抗することであり、決して光のグループではありません。それらの女性たちは過去世において男性からひどい仕打ちを受け、子どもたちまで虐待された人もいます。そしてその昔、メンバー間で次のような契約を交わしたのです。

1. 断じて男性を心から愛したり信頼してはならない。

2. 女性と子どもを傷つけて支配しようとする男性とだけ関わりをもつこと。これによって男性たちを変化させ、他の女性たちをその害から守らなくてはならない。
3. あらゆる点で女性は男性より優れていることをつねに自覚しなければならない。
4. 男性が自己疑惑と自己嫌悪に陥るよう、ひそかに仕向ける手腕を磨くこと。
5. セックスは出し惜しみをし、決して自分のすべてを明け渡さないこと。
6. いつも他の女性たちと子どもたちの痛みや傷を引き受け、彼女たちを支えること。
7. どんなときでも、すべての男性を光でなく闇の存在として見なければならない。

これらの契約は、女性たちをはなはだしい分離にしばりつけてきました。現在では多くの男性たちが脅威的ではなくなり、女性を対等な存在として見るようになってきています。彼らは真摯にスピリチュアルな道を歩みつつあります。今はもう、憎しみの代わりに洞察力を用いる時代なのです。

現在では多くの男性たちが
女性を対等な存在として見るようになってきています。

父権的な悪魔界

これは男性も女性も浄化する必要があります。父権的な悪魔界の目的とは、男性がつねに優位に立って女性を支配することです。ときには、男児も女児も1歳半くらいで、眠っているあいだに父親によってアストラル体を父権的な悪魔界に連れていかれることがあります。そして、そこでさまざまな種類の儀式を受けさせられるのです。

女性のあなたへ

そのような女の子は、男性を怖れるように脅迫的な性的儀式を強要され、肉体に戻ってくるまでに厖大な数の契約を結ばされます。その契約とは、つねに男性に従順で逆らわないこと、決して霊的に目覚めないこと、女神とはいっさい接触しないこと、霊的な能力は封印して使わないことなどです。

この場合、悪魔的な男性たち（父親もふくめ）は、あなたのエネルギーの一部を闇の地下世界にとどめ置いて所有しています。あなたの一部を手中におさめておけば肉体に衝撃を与えて脅すことができるのを知っているからです。彼らとの契約を破棄し、つぎに大天使ミカエルと大天使ガブリエルに助けを求め、闇の世界に残っているあなたの一部をとり戻しても

父権的な悪魔界について

アモラの「父権的な悪魔界」に関する説明には邪悪なひびきを感じるかもしれないが、参考までに別の角度から見た情報をいくつか記しておこう。

「悪魔的儀式虐待（ＳＲＡ）」というものが問題になったことがある。それが事実かどうかはともかくとして、これにまつわる恐怖や空想話が実際に存在しており、現に人々、とくに子どもたちに影響を与えている。

夜驚症は子どもが夜中に恐怖で目を覚ますもので、親の問いかけにも答えることができない。子どもは何かに反応しているかのように10分か20分ほど泣いたり叫んだりする。それから何ごともなかったように静かになり、あとは何も覚えていない。

また、ベッドの下や押し入れの中などに、怪物や侵入者や誘拐魔がひそんでいるとか、暗闇がこわいと訴える子どももいる。心理学者たちの長々しい解説によれば、それは子どもたちがこの世界をまだ理解してないせいだということになる。だがほかの者には見えなくても、その子にだけ何かが見え、それが原因で恐怖を体験するという例もある。

キリスト教徒の親が、まだ子ども自身で宗教も選べないうちに洗礼を受けさせることをためらう場合もある。これに対してよく用いられるのは、洗礼とは教会への登録および信仰の表明であり、すべての人は何もできない無力な幼子として神の前にやってくるのだという説明である。言い換えれば、子どもに代わって保護者である大人によって契約が取り交わされているのだ。

このように見てくると、子どもたちは実際に、おそらくは知らないうちに親によって、さまざまな種類の霊的な契約を結ばされていることがわかる。

（ステファン・ミューアズ）

らいましょう。それと同時に聖杯をつかさどる女性同胞団を呼び、とり戻したその部分をあなたの身体に統合する前に癒してくれるよう、依頼してください。あなたが眠っているあいだに彼らはそれをとり戻し、癒してからあなたに返してくれるでしょう。

それから光のデポジション・チェンバーを設置します。あなたのホログラム体から悪魔界と悪魔的な男性エネルギーをきれいに取りのぞいてもらいましょう。大天使ミカエルとプレアデスの光の使者たちが力を貸してくれます。

男性のあなたへ

1歳半くらいで父権的な悪魔界に連れていかれた男の子は、さまざまな儀式を通して教えを伝授されます。その教えとは、女性には決して心を開かないこと、性については閉鎖的であること、つねに女性を支配して従属させることなどです。そしてその夜、悪魔界を離れる際に、その世界の一員としてのルールに必ず従うよう、たくさんの契約を結ばされます。今、それらの契約をすべて破棄してください。それから、光のデポジション・チェンバーを降ろしてもらい、あなたのホログラム体から悪魔的な闇のエネルギーを一掃してくれるよう要請しましょう。大天使ミカエルとプレアデスの光の使者たちが手助けしてくれます。

神と女神である私たち

私たちはみな光を宿した神であり女神です。神と女神は対等です。異なっていても対等なのです。男性と女性では、生命体の機能や存在の性質に違いがあることは事実です。しかし、男性も女性もそれぞれに全体性があり、それは破壊されることも奪われることもありません。そしてさらに男性と女性が完全にゆだねあい、愛しあうとき、そこにもっと大きな全体性が生まれるのです。その大いなる全体性のなかで、おたがいがどれほど完璧な存在なのかに気づくでしょう。

女性は男性の全体性を完成させます。男性は女性の全体性を完成させます。おたがいのユニークさと違いを、引き算でなく足し算で見てください。たとえば、女性は子どもを産むことができます。男性は肉体的な強さをそなえています。女性は感情をより深く感じて理解することができ、男性はより容易に自分を表明することができます。女性と男性は同じことができても、そのやり方は違うでしょう。私たちは、たがいを新しい目で見ていくことを学ばなくてはなりません。

新しい目とは、生まれたばかりの赤ん坊のような驚きと好奇心に満ちたまなざしです。まさしく聖なる母と聖なる父がはじめて出会ったときの感覚です。それを私たちも感じることができるのです。毎朝目を覚ますたび、パートナーをそんなふうに子どものような驚きと好奇心で見たとしたらどうなるでしょう？　毎日、「まあ、この人はなんてすばらしい光の存在なの！　今日はいったい何を学べるのかしら？」と思うかもしれません。そして相手の言動を不信感で眺めるかわりに、そこから学べるものは何だろうと考えるかもしれません。パートナーは先生であり生徒であると見ることもできるでしょう。疑いと先入観の目ではなく、驚きと好奇心の目で、おたがいのユニークな完璧さを発見してはいかがでしょう？

あなたもちょっと想像してみてください。愛と親密さが深まるでしょうか。その深い結びつきのなかで、共依存でないやり方でおたがいを頼り合うことができるでしょうか。自分と違う人と一緒にいることで、あなたが開かれ、一人ではあり得ないかたちで学び成長しているのがわかりますか？　なんと素晴らしい人に恵まれているのでしょう！　なんという天からの授かりものでしょう。

かつて聖なる母と聖なる父はとても優しく美しいものを私に見せてくれました。私たちがそれぞれに体験をとおして学び成長するにつれ、彼らもまた私たちの学びを通して広がっていくことを見せられたのです。その学びと成長は、最終的にあらゆる存在へと伝わり、すべての光の存在を満たしていきます。つまり私たち一人ひとりのユニークさも試行錯誤も失敗も、そして目覚めも、〈すべてなるもの〉であるワンネスに分かち合われ共有されることになるのです。これはひとえに愛と聖なる信頼のおかげです。

聖なる信頼は、自分を含めたすべての人に対してある見方に達したときに生まれます。その見方とは、誰もが最終的には自分の聖なる計画をまっとうするために必要なことをすべて学びつくすというものです。私たちの聖なる計画は、個々にユニークでありながら同じです。細かいところは人によって、またその次元や光によって異なります。けれども究極のゴールはみな同じなのです。すなわち、〈すべてなるもの〉とふたたび一つになり、ありとあらゆる存在を愛するということです。この聖なる計画があらゆる人や光の存在の背後で働いているのだと知ること、それが聖なる信頼なのです。

とはいえ、そこには洞察も必要です。洞察とは、その人や光の存在が何をし、どうふるまっているかをよく見きわめることです。その人は正直で誠実でしょうか。こっそり何かをくすねたり、隠し持ったりしていないでしょうか。表現を変えると、その人はあなたが心の底から信頼できるところに達していますか？　あるいは、それにはもっと人生から学んで成長する必要があるでしょうか。どちらであっても、裁いたり、愛を引っこめたりすることは不適切です。ただ観察し、そのまなざしに愛をよりそわせてください。

不信感はエネルギーを収縮させ、差しとめてしまう傾向があります。それはまったく望ましくありません。なぜなら、何かを差しとめていると分離が生み出されるからです。すべての進化レベルにある存在が、愛と聖なる信頼の輝きのなかで、〈すべてなるもの〉であるワンネスの空間を支えているのです。

ただ観察し、そのまなざしに
愛をよりそわせてください。

聖なる信頼によって、どんな瞬間にも豊かさの扉が開かれ、無条件に愛する力をさらに深めていくことができます。あなたがそのように生きるとき、すべての人の中に神や女神が見えてくるでしょう。十分な誠実さや善良さのレベルに達していない人を締め出すことなどありません。あなたに求められているのは、愛と聖なる信頼を輝かせることです。

5章

七色光線の聖なるカップル

男性性と女性性の対等なバランスを生きるとき、それを導いてくれる「七色光線の聖なるカップル」という特別なグループが存在します。七色の光線それぞれに男女の両側面があり、独特の美しい色のエネルギーによって地球とその住人を支えてくれているのです。

その七色とは、すみれ色、青、グリーン、ゴールデンイエロー、オレンジ色、赤、白で、どの光線もユニークなエネルギーで私たちのスピリチュアルな成長と進化を促します。私たちはみな生まれつき、このいずれかの光線によって人生の意味と目的が特徴づけられています。そのため誰もが特定の光線を保持しているのですが、〈すべてなるもの〉のワンネスに還る道においては、すべての光線を自分に統合する必要があります。

それぞれの光線の性質を簡単に見ておきましょう。

すみれ色の第七光線は、自由と自立の光です。それは「世界」と「個人」というエゴの幻想から、私たちの真の自己を解き放ってくれます。

青い色の第一光線は、パワーと意志の光です。そのパワーと意志とは内なるキリストからやってくるものです。

グリーンの第五光線は、真実の光です。それは永遠に変わることのない聖なる真実を復活させます。エゴの幻想が終わることは最初のゴールですが、そのためには真実と幻想の違いを深く知っていなければなりません。

ゴールデンイエローの第二光線は、叡智とバランスの光です。学び成長することは叡智と絶対知につながり、それは静寂とバランスを同時に保つことによって可能になります。

オレンジ色の第六光線は、無私の創造の光です。この光線のテーマは、私たちが思い描くことや、自分とこの世界に誕生させるものについてです。

赤の第三光線は、私心なく与える光です。他のために生きる姿勢や、すすんで貢献する行為も含まれます。

白の第四光線は、純粋さと高次の法則の光です。宇宙の法則は究極のゴールです。

これら七つの光線は、内なるキリストつまりマスター性の七つの要素を表わしています。

私たちは内なるキリストを体現するために地上に生まれてきました。内なるキリストとは、イエス・キリストのエネルギーだけを意味するのではありません。それは地球を救済する集合意識のようなもので、今はイエス・キリストが率いているのです。このキリスト意識に達している存在は大勢いて、聖ジャーメイン、ジュワル・クール、セラピス・ベイ、マグダラのマリア、聖母マリア、エル・モリヤなどもそうです。彼らはみな光のアセンデッドマスターであり、地上で肉体に生きているあいだにキリスト意識にいたりました。あなたもこの地上にいながら内なるキリストを体現するとき、彼らの一員となり、〈すべてなるもの〉であるワンネスを生きることになるでしょう。

生まれ持った光線は一生を通じてあなたの中心的な表現ですが、キリスト意識というゴールに達するには、七つすべての光線のエネルギーを自分に統合している必要があります。たとえば第一光線のパワーと意志のエネルギーを持ちたいと思えば、それと同時に自由と自立、真実、叡智とバランス、無私の創造性、私心のない貢献、純粋さと高次の法則という光の資質をすべて身につけていなければなりません。たとえ部分的にでもそれぞれの資質を持っていなければ、青い光線の聖なるパワーと意志を手に入れることは困難でしょう。七色光線のエネルギーはすべての相乗作用によってその効果が最大限に発揮されるのです。

七色光線の聖なるカップルは、各パートナーどうしで協力していると同時に、グループ全体でもまとまって働きかけます。私が瞑想しながら彼らとワークしていると、ここ2年ほど、ときどき集合的なひとつの声になってチャネリングされることがあります。つまり彼らはそれぞれの資質を保ったまま、すべてのカップルと密接に結びついているのです。

ここで、聖なるカップルに一組ずつ登場してもらいましょう。どの光線も、それぞれ男性性、女性性の両面からメッセージが伝えられます。

観音と弥勒は、すみれ色の光線をつかさどる聖なるカップルです。彼らはともにこの光線の守護者として働いています。

まず、観音が語ります。

………………………………

すみれ色の光線の女性エネルギーとして、あなたがたにお話しできることを光栄に思います。はじめにお伝えしたいのは、弥勒の聖なる男性エネルギーがなければ、私だけで第七光線を地上に降ろすことはできないということです。女性エネルギーが男性エネルギーなしには存在しえない（男性エネルギーもまた同様です）という、この性質についてお話ししましょう。私たちは対等で、しかもそれぞれ独自の存在です。矛盾するようですが、私も弥勒も全体であり、それと同時に全体の半分でもあるのです。

すみれ色の光線の女性エネルギーとして保持されている〝自立〟という資質は、相互依存にゆだねられた自立です。私の内には全体性があり、そしてより大きい、男女が一つになった全体性も内包しています。私が相互依存にゆだねていれば、男性エネルギーはその場にふさわしいやり方で動けるようになるのです。

また、私のもうひとつの資質である〝自由〟は、みずからの考えや選択が他のエネルギーにとって有益なときにのみ存在します。私の自由は無条件です。それというのも、私自身の自由を男性エネルギーとの共通の自由へと明け渡しているからです。私は無言のうちにみずからを信頼し、無言のうちに弥勒を信頼しています。ですから、私たちの自由にはひとかけらの犠牲も妥協もありません。たがいに共有することでこの自由が生まれるのです。

つづいて弥勒からのメッセージです。

すみれ色の光線の男性守護者として、私は観音とよく似た資質を保持していますが、そのエネルギーは少し異なります。観音の言ったように、女性エネルギーが相互依存にゆだねてくれると、私は自由に動けるようになります。このゆだねによって、私は個人の真の自立とは何かという絶対的な意味と、そのためにどうすべきかを人々に伝えることができるのです。女性エネルギーが相互の自由にゆだねるとき、人々を導く男性エネルギーが自由に動けるスペースが生まれます。そして私は人々の自由のために、また一人ひとりにとって本当の自由とは何かを理解できるように、手を差し伸べることができます。本当の自由とは、あなた自身が真実で正しいと知っていること以外の何ものにも縛られないということなのです。

イエス・キリストとマグダラのマリアは青い光線をつかさどっています。
マグダラのマリアが語りかけます。

聖なるパワーと意志を育てていく過程で、あなたがたはつねに本当のパワーと意志とは何なのかを見直すことになるでしょう。私が保持しているのはパワーと意志を一人ひとりにゆだねるエネルギーであり、パワーと意志を人々に対して行使することはありません。他者による不適切なパワーと意志の行使については、純粋な洞察、そして忍耐強さと赦しをもって見守っています。言い換えれば、そこでは洞察力を使うことが大切であり、私は人々が自分の洞察力を信頼して養えるように支えているのです。

イエス・キリストが語ります。

パワーをもつことは深く自己を知ることでもあります。どんな状況においてもつねに自分が正しい選択をすると信頼できるようになるまで、真の聖なるパワーを身につけることはできません。聖なるパワーによって、あなたは他者の人生を侵すことなく自分の人生の手綱をとり、人生のすべてをみずから選べるようになります。他者の自由意志を尊重することは、聖なるパワーへの第一歩です。それによってあなたは聖なる意志にゆだねるという女性性にもとづいてふるまうことができます。すると自分の意志を、つねに清らかな無私のやり方で行動したり創造するために使うようになるでしょう。

ターラとチェン・レイシ※は、グリーンの光線をつかさどる聖なるカップルです。母なるターラ菩薩は語ります。

こんにちは、美しい者たちよ。私ターラは真実を表わすグリーンの光線の聖なる女性エネルギーを守護しています。何が真実で何が幻想なのか、あなた自身の内なる知を信頼できるよう手を差し伸べましょう。その内なる知とは、かぎりなく静かな自己の中心からやってきます。自分の考えていることが真実か幻想かを知りたいとき、内なる深い中心へと入っていってください。どう感じるでしょうか。収縮感や引きもどされる感じがあれば、それは幻想です。広がっていく感覚や呼吸の深まりを感じたなら、それは真実です。絶対的な真実は永遠に変わりません。変化する現実は絶対的な真実ではなく、一時的なものにすぎないのです。

男性菩薩チェン・レイシが話しかけます。

グリーンの光線の聖なる男性エネルギーとして私は真実をつかさどります。あなたが

※編者註　チェン・レイシとは、サンスクリット語のアヴァローキテーシュヴァラのチベット仏教での呼び名。

他者にも自分にもつねに真実を語るための探求を手助けします。多くの人々がまわりに受け入れられるために自分の真実を引っこめてしまいます。ほかの人たちの反応を気にして、自分の真実を語ることを恐れているのです。しかしながら真にスピリチュアルな人はいつでも真実を話し、他者の反応を気にかけません。人々に通じるかどうかに関係なく自分の真実を語ることは、人々へのすばらしい贈り物です。理解できない人に対しては、ただ思いやりをもってその学びと成長のプロセスを見守るだけでかまいません。その人も進化し、やがて真実を理解するようになることを信頼してください。すべての人がそうなるのですから。

つぎはゴールデンイエローの光線をつかさどるデオダータの言葉です。

叡智とバランスの空間を安定させるため、私は大いなる信頼のなかにいます。聖なるパートナーを完全に信頼しているのです。そしてすべての存在が等しく光の存在であるという理解のうえに叡智とバランスを保持しています。私はあなたがたの人生と進化の過程を見守り、ついにはあなたも私たち高次元の光のマスターの一員になることを確

信していま す。あなたがたには今はそう思えなくても、私からはその真実がよく見えます。どれほど時間がかかろうと、みな永遠の魂であり、いくらでも人生をやりなおせます。あなたはいずれ、ふたたび真の自己に目覚めるのです。

ゴールデンイエローの光線の守護者、仏陀からのメッセージです。

親愛なる者たちよ、私はいま、あなたがたのために保持する聖なる叡智とバランスの男性エネルギーの場から語りかけています。聖なるバランスとは、自己の中心に存在しながら、まわりの事象への反応を超えてやってくる内なる叡智を受けとるというわざを実際に身につけることです。内なる叡智に従って行動することは生命と環境への自然な反応です。内なる叡智は、真の自己と目に映る幻想とのバランスをとって生きることをあなたに教えます。それらの幻想とは単に人が経験し、学び、よりよくなるための機会にすぎないのですから、それに反応したり、裁いたりすることはありません。聖なる叡智を生きるとは、ただあなたの内なる声に従って賢明に行動することです。あなたの内側では何が正しくて何が間違っているかを知っています。

オレンジ色の光線の守護者、ラーダが語ります。

オレンジ色の光線の女神として、私は創造性をもたらすインスピレーションのエネルギーをみなさんと分かち合いましょう。そこには、誰かから何らの反応を期待することはいっさい含まれません。創造性は私とあなたの内側深くから、魂の核心から、インスピレーションとしてやってきます。子どもの誕生であれ、新しい発想の誕生であれ、芸術的創作であれ、ハートから与えようとする行為であれ、あなたの魂の奥深くにひそむインスピレーションのエネルギーを見つけだせるように私はお手伝いします。そのインスピレーションを通じて、あなたが生まれながらに授かっている創造性が花開くでしょう。それは神あるいは女神から贈り物です。野の花や一粒の砂を見つめ、そこに創造のすばらしさが満ちているのがわかるでしょうか。あなたの魂は何によって触発されるのでしょう。

オレンジ色の光線の聖なる男性エネルギーとしてクリシュナが語ります。

親愛なる兄弟姉妹たちよ、あなたの人生のすべてが祝福です。人生はあなたの魂が〈すべてなるもの〉と創造を分かち合い表現するためのインスピレーションに満ちています。こうした創造はあなたの深いところ――自分が誰で、創造とは何かを知っているところ――からやってきます。それは魂の歓びの表現だということに気づいてください。私にまつわる伝説では、私が笛を吹くと人々の中でインスピレーションが目覚め、私の後についてくるとされています。私の笛の音はやむことのない魂の表現であり、私の内なる目覚めです。ゆえにそれを人々と分かち合うとき、人々もまた自分の無私の創造性に触れることになるのです。

……………………………………………………………………

ホワイトバッファロー・カーフ・ウーマンは、赤の光線の聖なる女性性の役割から次のように話しています。

……………

偉大なる謙虚な者たちよ、私たちはみな地球の世話人として物質的な生活を経験するために地球にやって来ました。〈すべてなるもの〉の美しさをたがいに讃えあうことを学ばなくてはなりません。この地球も、物質的な財産も、人間より長生きすることを思い出してください。どうしてそれらを人間が占有できるでしょうか。食糧も住まいも、衣服も暖房器具も、みな地球の贈り物をいっとき借り受けているだけなのです。謙虚であるには、自分がそれらを創造したのではないと深く知って生きることが求められます。それらは地球からの贈り物です。その恩恵にあずかるときはいつでも、あなたに必要なものを授けてくれた地球と、〈すべてなるもの〉の神と女神に感謝してください。

赤い光線の男性エネルギーをつかさどるハイアワサが語りかけます。

兄弟姉妹たちよ、私たちは地球の世話人としてあらゆる手をつくして地球を大切にしなければなりません。地球を汚し、破壊し、地球から貪欲に奪うことはすべて聖なる法則に反します。人類が地球の所有者であるかのように見なすことは、とんでもないエゴの幻想です。私たちは地球をいつくしむべき世話人なのです。地球にはすべての人々の必要を満たすだけの十分な豊かさがあります。しかしその住人たちは欲と所有権から社会を動かしています。究極的にそこが変わらなければ、人類がふたたび地球と調和して生きることはできません。母なる地球を汚すような製品は使用を中止すべきです。あらゆるプラスチック製品、化石燃料、香料や合成洗剤などの使用はどれもみな、地球と人類を損なう原因になっています。※地球の身体に、これ以上ごみを投棄したり大量の排水を流してはいけません。あらゆる方法で地球を愛し、守ってください。地球とともに自然な生き方をし、地球の愛を毎日受けとりましょう。

シャクティは白い光線をつかさどる聖なる女性です。彼女は語ります。

美しい光の存在たちよ、私は告げましょう。あなたは永遠に純粋な存在です。そう、永遠にです！　あなたがたは3次元に生きることで記憶を失い、ふたたび思い出すことを選びました。さまざまな人生を体験してそこから学び成長することを選択したのです。あなたがたのなかには、自分が純粋さを失ってしまったと思いこんでいる人がいます。それは違います。暴力的な虐待や性的虐待を受けたことで自分の純粋さが損なわれたと感じているかもしれませんが、それは真実ではありません。あなたは傷を癒して、そこから学ぶ力があります。たとえ過去世で人を殺したり黒魔術に関わったとしても、その

※編者註　アモラ自身はもっぱら天然由来の無香料製品を使っていた。またワークショップ中はすべての参加者に無香料せっけんを使うよう求めた。

体験が次にそれを乗り越えさせ、二度と繰り返さない人生を歩ませることになったのです。それはなぜかといえば、あなたの魂と存在の核はずっと純粋だからです。

オシリスは白い光線の聖なる男性として、彼の物語を聞かせてくれます。

みなさん、ごきげんよう。私にまつわる言い伝えをお話ししましょう。かつて地上で戦いに破れ、身体を細かい断片に切り刻まれたという神話です。多数の断片が世界中にばらまかれ、私の全体性は失われました。それを知った私の妻は、散乱した断片を探し集めて元通りにしようとしました。そして一つを除いてすべての断片を集めたのですが、最後の部分だけは私自身で見つけなければなりませんでした。それができるのは自分だけだったのです。この神話はとても象徴的です。それは私たちが地上にやって来たときにエゴが生まれ、真の自己を切り刻んでしまったことを示しています。細分化された断片とは、真の自己の解体です。もういちど真の自己を見いだすためには、数多くの人生体験をくぐりぬけ、知識と理解を養わなくてはなりません。そうして人は、やがてただ人生を送るだけでは飽き足らなくなり、絶対的な真実を求めてスピリチュアルな道へと歩み入っていくのです。探求の道は、肉体である自分と高次元の自己をふたたび一つに出会わせるようあなたを導くでしょう。その最終段階において、完璧で純粋さを失うことのない真の自己というマスターの領域に達します。こうして私たちは自己のすべての部分を一つに合わせ、〈すべてなるもの〉のワンネスに還っていくのです。

………………………………

七色光線の聖なるカップルが、私たちの聖なる資質について分かち合ってくれました。これらの資質はどれも永遠に私たちにそなわっているものです。七つの光線すべての資質をとり戻したとき、私たちは内なるキリストと一つになってよみがえり、〈すべてなるもの〉とのつながりを回復するでしょう。本当はつながりを失ったことなど一度もなかったのです。ただ一時的に自分で見えなくしていたにすぎません。

6章 ヘルプメイトとして生きる

ヘルプメイトとして生きることは、夫婦やパートナーだけにかぎらず、親しい友人関係においても神聖な意味があります。それは愛と聖なる信頼にもとづいた人間関係を二人で共同創造するということです。そのためには双方の同意、すなわちどちらも完全に目覚めるまで、たがいに学びと成長を支えあうという決意が必要になります。別の言い方をすれば、それぞれがまず自分自身のスピリチュアルな道に100パーセント誠実であることから始まるのです。自分の思考や感情をよく観察し、つねに真実を選択することを学んでいなくてはなりません。ゆるぎない信頼もまた不可欠です。学び成長するにつれて、変化していくことは避けられないものです。※

そのように生きている人は、学び、成長し、変化していくのがあなたからも見えるでしょう。

そして、その人ができるかぎり最善であろうと努めていることも信頼できるでしょう。この信頼のレベルにあるとき、ヘルプメイトになることができます。

ヘルプメイトとは、相手がしたことによって自分が受ける影響を、ときにはそれが否定的な情報であってもフィードバックできるという関係です。それを伝えるときは相手を非難しないやり方で、あなたが感じていることを分かち合いましょう。そしてそのあと、相手が体験している現実を聞きます。これはあなたがものごとを個人的に受けとらない練習にもなります。そのようなコミュニケーションが可能なのも、その人がフィードバックを吸収して自己観察に反映し、必要なら自分で変わっていける人だとあなたは知っているからです。その人は確実にあなたの信頼を得てきたのです。

相手を非難しないやり方で
あなたが感じていることを分かち合いましょう。

あなたのいちばん深い問題も、その人には安心して打ち明けられるでしょう。どれほどネガティブな体験でも学び成長するために起こったことであり、恥ずべきことは何もないと

※編者註　アモラはときに、自分自身と人に対する非常に高く厳格な規準を求められた。

あなたは知っています。その人は決してあなたを裁いたり責めたりしないという信頼があるからです。ただあなたを愛し、サポートし、あなたが学び成長できる場を確保してくれます。これをおたがいにするのです。そうすると、どちらももう自分の問題について沈黙を守っている理由がなくなってしまい、いつでも自然にのびのびと正直な気持ちで過ごせるようになります。なんという祝福でしょう。

相手も同じようにするでしょう。あなたはハートを開いて耳を傾け、決して裁くことなくその人が体験している現実、感じていることや学びに真摯に関心を寄せます。相手の成長と進化を心から望み、その人が何を選択してもあなたの大きな歓びになるでしょう。あなたにはその人が、その言葉が信じられます。なぜなら、あなたは無条件の深い信頼を学んだからです。

ヘルプメイトとして生きるとは、つねに相手を神あるいは女神が宿る光の存在として見ることなのです。あなたは相手に、いつでも最善をつくしてほしい、どんな瞬間にも進化しつづけてほしいと願うでしょう。あなたにとってその人は、信頼と愛と真実を体現している生き証人です。そして相手もそのようにあなたを愛していることがわかるでしょう。

性的な側面もまたタントラの関係へと高められる必要があります。タントラとはある特殊な性的親密さをとおして、双方の性的エネルギーがチャクラを上昇していくようにするものです。これは両者を至福感へといざないます。イエスが語るところによれば、アセンションした光の存在はつねに至福の状態でいるそうです。そこには何の抵抗もなく、ただ受け入れゆだねることだけがあります。それは自分に対しても相手に対しても隠すものがいっさいない、深い親密な愛からやってきます。

タントラを通じて、愛の営みのすべてをまったく新しい高みに導くことができます。そこにはもはや渇望にもとづく性的エネルギーはありません。おたがいに神と女神としての自己を見、その美しい魂を与え受けとりあうことを学ぶのです。パートナーを見つめ、すべてを与えたいという深い希求を感じます。その人はそれに値する存在だからです。相手も同じようにあなたを見るでしょう。そして奪うためにではなく、愛と献身と賛美を表わしたいという純粋なスペースから愛を分かち合います。ただ与えたいと感じ、相手が与えてくれるものに深く身をゆだねたいと感じます。つまるところ、誰もが身体をもった神と女神なのです。あなたも、そこにゆだねてみてはいかがでしょう。

愛とゆだねが結びつくとタントラの至福が生まれます。その体験の終わりには自分が宇宙全体になるのを見、感じるでしょう。ワンネスになっているのが感じられるかもしれません。

あるいはイルカやクジラのスピリットになっている感じがするでしょうか。このような特別な体験は、気のせいではありません。そのときあなたは実際に自分という枠を超えて広がっているのです。こうした高次の状態にまで広がるとき、そこでのパートナーの役割も同時に体験されるでしょう。その人は宇宙を満たす神の愛として日々その愛をもたらしてくれていたり、または宇宙そのものとして、愛とともに生命を与えてくれているかもしれません。私はそのような経験をパートナーとともにして、それが真実であることを知っています。

渇望による性的エネルギーは、奪って支配したいという欲求からきています。肉体的欲望や色情は第二チャクラに闇のエンティティを住まわせ、さらなる強い飢餓感を煽ります。これはただちにやめなければなりません。契約をすべて解消し、消去の光のチェンバーを用いましょう。まずはあなたの性にまつわる思いこみや考え方を変えることから始めてください。必要なら、新たな愛のタントラに到達する準備として、しばらく禁欲期間をもうけるのもいいでしょう。

タントラのなかには、男性にしか恩恵をもたらさないものもあります。仏教のタントラの教えにはしばしばその類いのものが見られます。そこでは、男性はタントラによって自分のエネルギーを強化させるのに対して、女性はただ男性に奉仕するだけでタントラの目覚めを受けとることはありませんでした。しかし、真のタントラとは男女の対等な働きかけの中にあり、単なるテクニックではありません。それは深い愛と信頼とゆだねにもとづいています。それを通してはじめてタントラの大いなる目覚めが可能になるのです。

私の3冊目の本『プレアデス タントラ・ワークブック』（ナチュラルスピリット）は、あなたの神聖な〝バー〟（古代エジプトの言葉で「魂」の意味）を目覚めさせるために書いたものです。これに取り組むにはあらかじめ『プレアデス 覚醒への道』で〝カー〟のワークを終えていなければなりませんが、性にまつわる問題を癒し、タントラを学ぶための大きな一助となるでしょう。そしてヘルプメイトとして生きるとはどういうことなのかも、よく理解できると思います。

7章　創造のプロセス

エロヒムの集合意識からの声は次のように語っています。

あなたがたがエロヒムと呼ぶ、最強かつ最愛の〈われ在り〉の名において私たちは語りかけます。一なるエロヒムの集合体の声として、創造者の評議会として、また創造を支えはぐくむものとしてあなたがたにお話ししましょう。私たちはたえまない存在の個別化とワンネスへの融合というリズムを根づかせ、それぞれの存在と〈すべてなるもの〉の関係を支えています。すなわち、ありとあらゆる創造に内在する創造のリズムを守っているのです。私たちは〈すべてなるもの〉ではありません。しかし、あなたがたに誕生を授け、一人ひとりのユニークな本質が個々に表現されるよう手助けし、創造の豊かな多彩さをたたえてきた者として、〈すべてなるもの〉と比類なき関係にあります。

かつて、すべての存在はたった一つの意識でした。その一つの意識の中に〈すべてなるもの〉の性質を探求したいという願望が生まれました。あらゆる誕生の舞台が可能だったのです。それは情熱的な願望で、まるで子どものような好奇心と驚きと不思議さに満ちていました。聖なる計画によってその望みは理解され、潜在していた可能性が現実化しはじめ、それとともに責任が階層化され分散していきました。しかしながら根源的な責任は個々の創造者としてのユニークな本質にもとづいていたのです。もういちど言いましょう。あらゆる責任の領域は、すべての存在におけるそれぞれ独自の個性的な資質が自然に表現されるところから生まれました。それゆえエロヒムや大天使あるいは至高者たちと呼ばれる世界に、たとえば「聖なる純粋無垢」という資質をもっとも強く宿した存在が創造されたとき、その存在はおのずとその創造世界の他のものたちの中に純粋無垢なる資質を認め、支え、育てていくことになったのです。それがその存在にとって波長がぴったり合う役目だったからです。

聖なる純粋無垢のエロヒムは、神の意識と全体性につながった存在で、創造の情熱、歓喜と平和、そして強い愛にあふれていました。しかしとりわけ際立つのが純真無垢の波動だったのです。あなたがたはエロヒムを、誕生を授ける者、誕生をつかさどる者、あるいは波動レベルでの創造者と見なしているかもしれませんが、聖なる愛、聖なる歓喜、そのほかすべての資質をつかさどるエロヒムや大天使や至高者たちの持ち場は、このように自然な発露として生まれたものでした。それは創造の中にもともとそなわる資質で、あるべくしてそうありました。

創造がはじまったとき、創造者が創造したものの面倒をみるということはまったく念頭にありませんでした。創造とはひたすら意識レベルの個別化という探求だったのです。ですからはじめは面倒をみることもなく、存在はどんどん広がって個別化されていき、やがていくつもの次元世界が生まれました。そうすると、たとえば5次元世界の存在は、6次元から12次元までの存在を介さなければ天使やエロヒムとつながれず、根源にも直接ふれることができなくなってしまいました。

創造のすべては壮大な実験でした。私たちは創造をとおして、存在に秘められている可能性を学びました。その学びのなかで、創造にともなうある種の責任が発生しました。ワンネスはワンネスのままにとどまり、すべての次元世界やその中の意識を結びつける必要があったのです。それは大いなる冒険でした。現実の多様な次元を発見して、それぞれの存在が楽しんでそこに参加したり自然に引き寄せられたりするだけで、あなたがたの言葉でいえば何百万年、何億年という悠久の時が過ぎていきました。いったいどれだけの世界が創造されうるのか、一つの存在がいくつの異なった環境を体験できるのかという好奇心がすべてでした。エロヒムや大天使や至高者たちの世界の中でも、存在を分割する代わりに、意識の中でものごとを創造するという実験がはじまり、やがて多くのものたちが人間界へと降りていきました。

しかし、すべての存在が純粋な好奇心だけで動いていたわけではありません。創造という実験のプロセスにおいて、人間の親たちと同じように、ときに境界を踏み越えてしまうことも起こりました。あなたの人生において親がその責任範囲を越えて踏み込んでくるとしたら、かつてあなたは高次元世界で境界を踏み越えて自分が創造した者たちの世話を焼いたことがあったり、逆にあなたを創造した存在が境界を踏み越えてきたことがあったのかもしれません。そこで学ぶべきなのは、親はただ愛をもって子どもを抱きしめ、子どもがみずからの自由意志で現実を探求し、博愛を学び、正邪を見分けて健全に生きられるように教えるだけだということです。やがて子どもがある年齢に達したとき、あるいは何歳でも、親は自分の教えを押しつけることをやめて、子ども自身がその教えにそって生きていくのか、それともまったく新しい生き方をするのかを選べるようにしてやらなくてはなりません。

　すべての存在が一人ひとり、思考や感情や視覚化や性的エネルギーをとおして、あらゆるレベルで創造の可能性を秘めているのです。

　もしかするとあなたの親も、境界を越えて介入してきたり、あるいは親自身のカルマの問題のために適切な親の責任を果たせなかったかもしれません。その場合、おそらくあなたは自分が無視されたように感じたことでしょう。それはもともと創造のプロセスでエロヒムや大天使や至高者たちによって創造され、地球に持ち込まれたものだったのです。その過程において、何度となくあなたは創造主や神や根源から切り離され、見捨てられ無視されたと感じました。その状態は、あなたがどん底を体験し、もっと創造的なエネルギーを投じたいと望むまで続きます。そのとき、ようやく自分で立ち上がる準備ができるのです。

　今日みなさんにお伝えしたいのは、親という役割の性質そのものがまだ十分に成熟していないということです。それはまだ未知の領域なのです。この点では、地球上で完全に成熟している人はほとんどいません。今までしてきたことが過ちだと気づき、それ以上のものを求めるようになるまで、過ちはくり返されるでしょう。創造にひそむ可能性は無限です。創造における私たちの役割も、長い時を経て次から次へと様変わりしてきました。私たちはさまざまな光の存在や意識を創造するなかで、その現実を保ち、癒しをもたらすために、みずからを聖なる流れからいったん切り離すことで存在の統合への突破口ができることも学びました。とはいえ、応急処置が必要な場合もあり、そのときには自然に愛をもってそれがなされるでしょう。

聖なる流れに還るプロセスにおいては、知らないゆえの純粋無垢というものを理解する必要があります。それは厖大な長期間にわたり地上を覆いつくしていました。けれども私たちの理解するかぎり、この時代は現実の可能性も個人の可能性もほぼすべて何らかのかたちで探求しつくされているように見えます。あなたが聖なる流れに還りたいと願っても、その一方でそれに抵抗を感じる人々もいるでしょう。しかしそうした人々に私たちが干渉することはありません。私たちをふくめたあらゆる高次元の光の存在たちは、何百万年、何十億年というはてしない何累代もの時をかけて学んできました。個人の意識が体験したいと望む現実をすべて経験して、自分の意志で聖なる流れとともに故郷に帰ることを選択するまでは、私たちがそこに介入すべきではないのです。

現実にひそむ可能性を探求したいという願望は、私たち自身が親になったことで生まれました。私たちが過去に災厄だとか創造のはなはだしい混乱や崩壊だと見なした経験もすべて、ただ別の光の存在によって探求される潜在レベルの現実として共有され分類されます。今やすべては終わり、私たちは次に移っていきます。

私たちは創造したものに過剰反応したため、何度もくり返し謙虚さを学びました。何度も後退しては自分たちの視座を見直さなければならず、そうして聖なる流れに戻ってきたのです。私たちは計り知れない時間をかけて、人の自由意志に介入することなく、人々の絶望に、人々の祈りに、どう応えればいいかを学んできました。

私たちはあなたがたを無視したり、無関心だったり、権威をふりかざして介入したり、愛を手控えたりすることは決してありません。それでも逆の立場の現実にいる人々は、ときにそのように見なすでしょう。それは次元間の依存関係によるもので、より低い波動の次元に存在するものは、より高い波動の次元のものに依存できるという思いこみがあるからです。それは真実ではありません。ワンネスこそ究極の真実であり、〈すべてなるもの〉との健全な相互依存がそこにあることをどうか忘れないでください。

聖なる流れに還るプロセスにおいては、
知らないゆえの純粋無垢というものを理解する必要があります。

では最後に、エロヒムからもたらされたワンネスの意味を知る旅に案内しましょう。

❖自分の中のワンネスと出会う

1　目を閉じて深く呼吸してください。呼吸が全身にゆきわたるとともに、あなたという存在がはっきり感じられてくるでしょう。これから、ちょっとした体内旅行に出かけます。はじめに少し時間をとって、ハートの奥へ、身体の奥へと入っていってください。そして、あなたの内なる存在とつながりましょう。

2　声に出さないで「私はわたしと一つです」と、内側に語りかけるように言ってください。そう言うとどんな感じがしますか？　「私はわたしと一つです」と静かに三度くり返しながら、つまさきと足まで深く呼吸を入れていきます。呼吸とともに、その言葉がつまさきや足に浸透するのがわかるでしょうか。あるいは、身体のどこかにその言葉に抵抗しているところがあるでしょうか。よく観察してください。それから、つまさきと足に呼吸を通しながら、「私は〈すべてなるもの〉に深く愛されています」と二、三度言います。あなたのつまさきと足はこの言葉を聞き、受けとっているでしょうか。身体に痛み、苦しさ、しびれや緊張などを感じる場所があったら覚えておきましょう。

3 つぎは、すねとふくらはぎに意識を向けて呼吸します。「私はわたしと一つです」と言ってください。すねとふくらはぎはどう感じているでしょう。それから、「私は〈すべてなるもの〉に深く愛されています」と言い、身体の反応に注目します。

4 呼吸をひざに向けてください。「私はわたしと一つです」そして「私は〈すべてなるもの〉に深く愛されています」と言います。ひざがどう感じているかに気づきましょう。

5 つぎは太ももです。ひざの上から脚のつけねまで、太もも全体で呼吸し、「私はわたしと一つです」「私は〈すべてなるもの〉に深く愛されています」と言います。太ももはどう反応していますか？　また、身体の中で何か反応があったり、この言葉を十分受けとっていないように感じられる部分があれば覚えておいてください。

6 おしりに意識を向けて呼吸しながら、「私はわたしと一つです」「私は〈すべてなるもの〉に深く愛されています」と言います。

7 意識を下腹部に向け、おへそ、骨盤、とくに性器に呼吸を通していきましょう。「私はわたしと一つです」「私は〈すべてなるもの〉に深く愛されています」と言ってください。

8　胸部に意識を向けます。ろっ骨の一番下から肩先まで、胸郭全体で深く呼吸しながら、「私はわたしと一つです」「私は〈すべてなるもの〉に深く愛されています」と言います。

9　つぎは背中です。腰からけんこう骨の上まで、背中全体に呼吸を入れながら「私はわたしと一つです」「私は〈すべてなるもの〉に深く愛されています」と言ってみましょう。

10　両腕を意識し、指先まで呼吸を通していきます。「私はわたしと一つです」と言い、この言葉をどこで受けとっているか、あるいは受けとっていないかを観察してください。「私は〈すべてなるもの〉に深く愛されています」と言うと、腕と手はどう反応するでしょうか。

11　今度は、のどから頭に呼吸を入れながら、「私はわたしと一つです」と言ってください。このとき口は少しだけ開けます。それから頭部全体、耳、目、鼻、口へと呼吸を通していきます。それぞれの部位で四、五回ずつ呼吸しながら「私はわたしと一つです」と言い、その言葉が頭や顔全体に浸透していくのを感じてみましょう。どんな感じでしょうか。もう一度のどに戻り、「私は〈すべてなるもの〉に深く愛されています」と言います。その言葉が頭の中、頭がい骨、脳内、両目、両耳へと広がっていくのを体験してください。

12　では、おしまいに全身で深呼吸しましょう。息を吸うときは、一呼吸で腕から指、上体、脚、足からつまさきと、身体のすみずみまでゆっくり深く吸い込んでいきます。そして息を吐きだすときには、息とともにあなたの本質のエネルギーが、全身の皮膚の毛穴からオーラ内に満ちていくのを感じてください。この呼吸を何度かくり返した後で、さらに「私は〈すべてなるもの〉に深く愛されています。私はわたしと一つです」というアファメーションを呼吸にのせてみましょう。

＊＊＊

いかがでしたか？

以上のエロヒムのメッセージは、いかにして高次元の存在に最初の親としての経験がもたらされたかを物語っています。彼らの話から学べることはまだまだあります。親になることで私たちは、この世界に新しい光の存在を招き入れるという祝福の機会に恵まれます。親の仕事は、どんなときもつねに子どもを愛することと、望み通りの子どもに育て上げたいという誘惑に打ち勝つことです。子どもを育てる過程で、幼い頃には導きと教えが必要です。しかしそれと同時に、子ども自身が自分の望みを見つけて人生を選べるよう、試行錯誤を体験させることも親の役目なのです。

あなたの子どもは唯一無二の個性を持った光の存在であり、あなたと同じように、学び、成長するために身体をもって生まれてきたのです。子どもたちが自分のやりかたで学べるようにしてあげなくてはなりません。親の仕事は子どもを支配することでなく、子どもが自分で学び成長するためのスペースを確保してやることです。子どもは親のものではありません。親はただ子どもがこの世界に来るのを手助けし、必要なあいだ保護するだけです。子どもが成長してどう生きるかは子どもの選択であり、親の問題ではないのです。

どうか覚えておいてください。子どもを心配することは、否定しているのと同じなのです。「かわいそうな子、あなたは自分で学んで成長することができないの。だから私が代わりに決めてあげるわ」と言っているようなものです。もちろん、子どもはちゃんと自分で学び成長していくことができます。誰にでもその力はあります。心配はネガティブなエゴの反応です。ありのままに愛し、慈しみ、支える。それが真のよき親です。

あなたは子どもの創造主ではないことを忘れないようにしましょう。親は子どもが地上に生まれてくるために選ばれた乗りものにすぎません。どうか子どもを愛し、尊重してください。

第Ⅲ部

マスターの道

Spiritual Mastery

8章 光と闇を超えて

感覚が鋭い人は、〝闇の存在〟が侵入してきたりネガティブな現実をつくりだそうとするのを感じたことがあるかもしれません。けれども、そのような存在たちの送ってくる波動に呼応するものが私たちの側になければ、彼らは私たちに接触することはできないという事実を認識する必要があります。それらは私たちがつくりあげた、エゴのゆがんだ想像の産物なのです。これについて過去に交わしてしまった契約はすべて破棄しなければなりません。それから、内なるキリストとあなた自身の普遍的な自由意志の名のもとに光のデポジション・チェンバーを要請し、憑依が取りのぞかれるよう命じてください。

闇の存在を恐れていると、エゴの迷妄とそれがつくりだす体験にパワーを与えてしまうことになります。

光は永遠であり、光は真実です。闇は幻想から生み出されたもので、私たちは一人ひとり、それを超越する必要があります。光より強いものはありません。光は闇より絶対的に強力なのです。闇を恐れることなく、幻想をとりはらい、それにまつわる思いこみをすべて一掃しましょう。内なるキリストと宇宙の法則のパワーを深く信頼すれば信頼するほど、あなたは損なわれることも傷つくこともなくなっていきます。

闇のエネルギーは、あなたが信じることによって力を持つのです。目覚めて自己を悟るには、思いこみを超越し、あらゆる闇の向こうにある真実だけを見て信頼するということを学ばなくてはなりません。

闇のエネルギーは、あなたが信じることによって力を持つのです。

以下は聖母マリアからのメッセージです。現実への新しい見方が理解できるように、そしてあなたにとって最高の自己になれるように手助けしてくれるでしょう。

私の息子として知られるイエスとともに私がエジプトで死と復活のイニシエーションを体験したときの話をしましょう。私たちは最終イニシエーションにのぞむためにエジプトの神殿をおとずれました。それは地下の小部屋にある封印された石棺の中でおこなわれます。イニシエーションの前には、アモラの本『プレアデス人類と惑星の物語』（太陽出版）にあるように、ワニの島を横断して死の部屋まで行かなければなりませんでした。そこは死と復活の間で、仏教で〝バルド〟※あるいは〝七つの地獄〟といわれるものの入り口を内包しているため、エジプトでは「七つのエゴの死」と呼ばれていました。イニシエーションの志願者が小部屋の石棺に入ると、棺が封印されます。そのとき私は即座に回転しながら地中深くへ、地獄の門が存在するアメンティ※※の空間へと引きこまれていくのを感じました。

みなさんもご存知のように、今日聖書で〝地獄〟といわれるものはまったく誤解されています。あたかも恐ろしい神かなにかよって裁かれ、罪を罰せられる場所であるかのように見なされていますが、それは正しくありません。地獄やバルドや「七つのエゴの死」などと呼ばれる世界はどれも意識の領域なのです。そこでは自分の霊的成長の度合いに応じて忘却と目覚めのプロセスを通過し、その罠《わな》にはまります。そうしたバルドの

※編者註　バルドとはチベット仏教で「中間生（中有）」を意味し、転生と転生のあいだの状態をさす。
※※編者註　アメンティとは、ジャッカルの頭を持つ神が支配する、死者の都とされている。

『チベット死者の書』にみるバルド

聖母マリアはアモラの口をとおして、「地獄やバルドと呼ばれる世界はどれも意識の領域なのです」と語っている。このように人が自分の意識の深いレベルで現実をつくりあげているという認識は、『チベット死者の書』（チベット語の原題は「バルド・トドゥル」）において重要な背景をなしている。

この文書は8世紀、チベットに仏教をもたらしたインドの神秘家パドマ・サンバヴァによって書かれたとされる、死者を導くための経典である。言い伝えによると、パドマ・サンバヴァはチベットを訪れているあいだ、自分の書いたものをいくつか封印しなければならないことに気づいた。当時チベットの人々はまだ準備ができていなかったため、それらの経典を遠くに隠し、後世の人々が発見できるようにしたのだ。

パドマ・サンバヴァの経典の発見者としてもっとも名高いのはカルマ・リンパである。彼は1350年頃の生まれで、15歳のときにチベットのガンポダール山に隠されていたこの経典を発見する。のちに1927年になって、その最初の英訳本が『チベット死者の書』としてオックスフォード大学から出版された。カール・グスタフ・ユングは1938年、これに心理学の観点から解説文を寄せている。

「バルド・トドゥル」では、死の最後の瞬間にとつぜん清らかな光の放射が現れると述べている。この根源的な浄光はまさに人の心（〝心〟という言葉は正確ではないかもしれないが）と同一のもので、始まりがなく、悟りを得るまで転生のあいだずっと存在しつづけるという。仏教修行者にとって浄光の放射の性質はすぐに感知でき、輪廻からの完全な解脱のために必要な叡智が得られる。しかし死の瞬間にこの浄光を認識できなかった人は、「現実のバルド」と呼ばれる中間状態、つまり意識がつくりだした現実に落ち込んでいく。

この経典にはバルドの体験がつぶさに語られており、また埋葬時に僧がおこなうべき儀式の手順も記されている。

（ステファン・ミューアズ）

世界で出会うものはすべて幻影であり、今の人生や過去世における自分のエゴの思考によってつくりだされたものです。マスターの道を歩むとき、人はみずからのエゴが陥りやすい誘惑のすべてに直面しなくてはなりません。エゴの誘惑は、力への欲望によるものもあれば、責任を回避しようとする無力感からくるものもあります。そこではレイプや近親相姦や残虐な死の犠牲となった悲惨な自分であれ、レイプや殺人を犯した過去の恐ろしい自分であれ、霊魂の中に恐怖が残っているかぎり、みずから地獄をつくりだすことになります。なぜなら殺人者あるいは犠牲者になるかもしれないという怖れを抱えていれば、その恐怖に力を与えてさらに生きながらえさせてしまうからです。

けれども、自分がもう二度とネガティブなエゴの衝動に屈しないこと、それが自分の真実ではないこと、恥じるものは何もないことを確信して正面から恐怖に向き合うとき、その人は負の感情から解放され、聖霊の力によって変容がもたらされます。もはや自分が害をおよぼす行為に手を染める可能性も、犠牲者だと信じこむ可能性も超越したことがわかり、真のパワーが戻ってくるのです。もちろん、それらを通過できるほど霊的に進化していなければ、このようなバルドの試練を体験して自分の七つのエゴに直面することもないでしょう。しかし真にマスターの道を究めていくと、最終的にはかならずこのイニシエーションに遭遇することになります。そして偽りの自己を超えて、罪悪感、恥、怖れ、耽溺や嗜癖やその他の罠から解き放たれたとき、もはやそれは試練ではなくなるでしょう。

イエスが18歳になったとき、私たちは一緒に死と復活の間へ入っていきました。いくつもの部屋で次々と出会うエゴの誘惑、つまり決めつけや怖れや、恥、逃避などに、ほんのわずかでも屈服することは許されません。もしも苦しみや誘惑的なシーンに少しでも反応したり後ずさったりすれば、肉体にはもう戻れず、私たちはイニシエーションが終了した時点で死体となって発見されていたでしょう。

部屋そのものがポータルすなわち門であり、そこをとおって私たちは地獄の世界に向かいます。バルドの世界から出てくるには、そこで体験することを信じたり反応することなくその向こうへと通りぬけなくてはならないのです。あと戻りすることはできません。もし私たちが目の前に見えるものにとらわれて、それと同化してしまっていたなら、そこで罠にとらえられたまま、偽りの自己を超えてすべての感情的および精神的な反応から脱するまで抜け出すことはできなかったでしょう。

アモラ、あなたも何か話したいことがありそうですね。

聖母マリアのすすめで、少しチャネリングを中断して私からお話ししましょう。

以前、『奇蹟の輝き』という映画を観たとき、周囲には地獄のシーンに激しい嫌悪をもよおす人もいましたが、私は畏敬の念に打たれてスクリーンに見入ってしまいました。その映画はどうやってバルドを通過するかを描くために制作されたとしか思えず、とても驚かされたからです。地球が大災害に見舞われ、大変な恐怖とパニックに襲われて死者があふれたとしてもアストラル界に行かないですむ方法をその映画は示していました。その方法とは、ただ恐怖を信じないというだけでした。それが映画で演じられていたのです。なんと今の時代にふさわしいのでしょう。どんなに最悪の状況でも、ただ目の前のものを見て「これは本当ではない」と言うだけでいいのだと人々に知らせ、準備をさせてくれているのです。どんな

映画『奇蹟の輝き』What Dreams May Come

1998年に公開されたこのアメリカ映画は、リチャード・マシスンによる1978年の小説をベースにしている。マシスン（1926―2013年）は精力的な作家であり脚本家でもあった。タイトル

の"*What Dreams May Come*"は、シェイクスピアの『ハムレット』の次節から引用されたものだ。"For in that sleep of death what dreams may come, when we have shuffled off this mortal coil."(この世のしがらみを脱ぎ捨てたあと、死の眠りの中でわれわれはどんな夢を見るのだろうか)。映画の主役はロビン・ウィリアムズが演じた。

アモラはこの映画での知覚体験をいくつかあげている。主人公のクリスは車の事故で瀕死の状態になる。この物語の作者は臨死体験を研究しており、クリスを"ガイド"にめぐり合わせている。たいていそれは先に亡くなった家族だったりすることが多い。だがこの映画ではガイドは大人の黒人男性であり、はじめはぼんやりとしか見えない。「なぜはっきりと見えないんだい?」とクリスが聞くと、「それは君が死んでいることを認めたがらないからだよ」とガイドは答え、こう指摘する。「みんな自分で選んでいるものだけを見るのさ」。

本書の「光と闇を超えて」の章で、聖母マリアはこう語っている。「もし私たちが目の前に見えるものにとらわれて、それと同化してしまっていたなら、そこで罠にとらえられたまま、偽りの自己を超えてすべての感情的および精神的な反応から脱するまで抜け出すことはできなかったでしょう」。映画ではまさにこの通りのことが配役たちによって演じられる。クリスは自分自身について、人間関係について、子どもたちについて、もっと学ぶ必要があったのだ。それを学んだとき、彼は自由を手に入れる。

クリスの妻アニーは後を追って自殺するが地獄へ行ってしまう。しかしそこには何のルールもない。地獄は懲罰の世界ではなく、否定的な見方の世界として描かれている。アニーは自分の苦しみしか見えていないので、そこが地獄になるのだ。その恐ろしく凄まじい地獄の描写には、映画を観たアモラも強烈な印象を受けたという。クリスは「自分の心で真実だと感じることが真実なのだ」と悟る。天国であれ地獄であれ、現実は私たちの知覚でつくられるということをこの映画はありありと訴えかけてくる。

(ステファン・ミューアズ)

恐ろしい状況にあっても、その恐怖を信じず、それと自分を同一化しないというシンプルな意志があれば、私たちは光の中に引き上げられるでしょう。

これは今の時代にとてもよい実例なので、聖母マリアは私に話すよう促したのです。

ふたたび、聖母マリアが語りつづけます。

……………………………………

みなさんにこれをお話しするのは、あなたの日々の生活こそ、この最終イニシエーションのためのたえまない準備のプロセスだからです。「イニシエーション」や「バルドの試練」という言葉を知らない人でさえ、誰もがみなその準備段階にいるのです。苦しみの中にいるとき、あなたはあなた自身がつくりあげた地獄にのみ込まれてしまいます。その地獄とは、あなたが反発したり恐れたりしている誰かの地獄でもあるかもしれません。ほかの人々の地獄に反応することで、あなたも一緒にその地獄に入りこんでしまうのです。

地獄の世界は完全にみんなの合意による共同創造でなりたっています。テーブルの上の花を赤だと見るのもみんなの合意です。あなたがたは色の見方で合意しているように、この世界を危険なところだと見なすことに合意しています。しかし、あなたは見方を選ぶことができるのです。この世界は、聖なる真実と相対的な真実、そして幻想の違いを学ぶ場所だと見ることもできます。聖なる真実こそ究極のものであれば、最終的にはそれが至高の玉座につくでしょう。

意識があらゆる可能性を探求しつくしたとき、意識は故郷に帰ります。執着のない愛を知った結果、素晴らしいことが待っています。過去の痛みの体験を新しく違うあり方で経験したとき、痛みがなくなっていることに気づくのです。そのとき、あなたは故郷にいます。

バルドの試練つまり最終イニシエーションを通じて、あなたは自分自身を主体的なマスターあるいはキリスト意識として完全に信頼できるようになります。そのとき、あなたは自分のあらゆる欲求を超越し、あなた自身と〈すべてなるもの〉との結びつきのほかに何ひとつ究める必要がなくなっているでしょう。

ですから、あなたの日々の生活をつねにこのような観点で、バルドの試練への準備期間として過ごしてください。たゆみない準備をしながら、この愛と受容という大いなる歓びの場に戻ってくるまで、あなたの意識がどれほど長いあいだ痛みや耽溺や幻想の中にとどまっていたかに思いを馳せてください。それは真の自由にいたるための素材であり、真の自己信頼と自己尊重を生みだすためのプロセスだったのです。どこにいようとも、そこがあなたの故郷です。
ナマステ。

……………………

9章

多次元の自己とつながる

私たちは多次元的な存在です。そのつながりを取りもどすには、まずあなた自身のハイアーセルフとのしっかりした絆が確立されていなければなりません。ハイアーセルフとつながるときには身体をリラックスさせて、十分に身体の中に存在している必要があります。というのも、身体のどこかが緊張して縮こまっていると細胞は正常に回転できず、光をきちんと受けとったり送り出したりしなくなるからです。そのため、エネルギーが収縮してアストラル・エネルギーを引き寄せやすくなってしまうのです。

ですから、もし自分がハイアーセルフとともにいるか、エゴに同化しているかを知りたければ、「今、身体が萎縮する感じだろうか、それとも広がった感じがするだろうか？」と自分にたずねてみるのもひとつの方法です。エゴのエネルギーは光を抑圧する傾向にあります。

それは古い怖れや、決めつけ、憐れみのエネルギーかもしれません。あなたがハイアーセルフとともにいるときには自分が広がるように感じられるでしょう。

❖ハイアーセルフとつながる

1　深く静かに呼吸しながらリラックスします。しっかりと身体の中に存在してください。

2　大きく深呼吸して、身体に語りかけましょう。自分を開いて神聖な流れを学びたいという意図をあなたの言葉で伝え、自分にその許可を出します。さらにドルフィンスターテンプルの光の評議会を招き入れて、そこに光のシティを降ろしてもらってもいいでしょう。

3　光のハイアーセルフに、あなたの前に姿を現してくれるように依頼しましょう。それは天使の姿や妖精の姿をしていることもあるでしょうし、ほかにもさまざまな姿をとって現れるかもしれません。

4　両手を胸の前にさし出し、手のひらをハイアーセルフのほうに向けます。そし

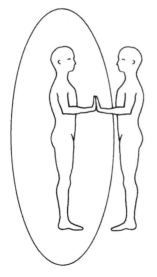

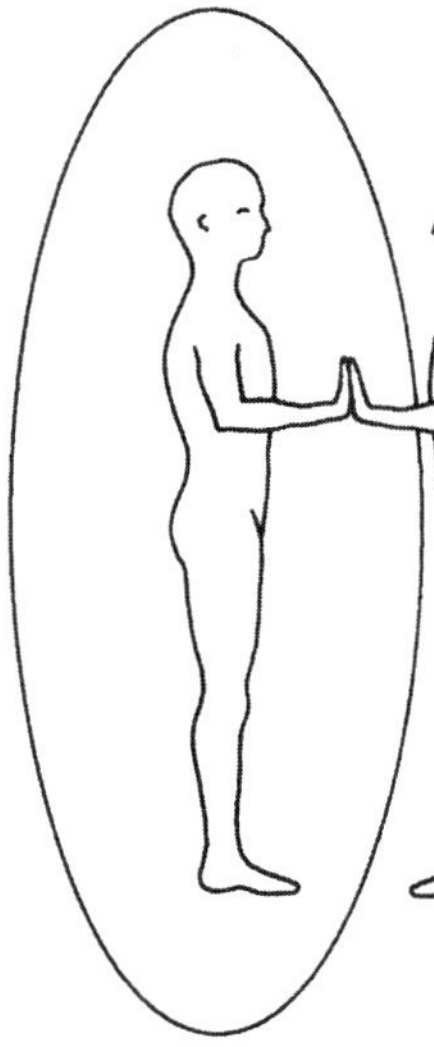

てハイアーセルフにも、同じように手のひらを合わせてくれるよう求めましょう。

5　呼吸に意識を向けてください。合わせた手のひらをとおして、ハイアーセルフからあなたへと聖なるエネルギーが流れこんでくるのを感じます。

6　そのエネルギーは、呼吸とともにあなたの両腕からハートまで流れこみ、やがてハートからあふれ出して身体中に広がっていきます。

7　すると、あなたはハイアーセルフの目で深くものごとが見えるようになります。

8　ハイアーセルフに、呼んでほしい名前があるかどうかたずねてください。名前はないほうがよいという場合もあるので、無理に聞きだす必要はありません。

9　ハイアーセルフと溶けあいましょう。あなたの身体にハイアーセルフを深く降ろせば降ろすほど、聖なる一体化が進みます。好きなだけ一緒にいてください。ハイアーセルフからあなたへのメッセージがあれば、それを受けとりましょう。

10　ハイアーセルフとのつながりを感じながら静かに目をあけます。これからコミュニケーションをとりたいときには、いつでもまたこうして出会うことができます。

＊　＊　＊

私たちの多くにとって第一のゴールは、あえてハイアーセルフとつながろうとしなくても、その存在がすっかり身体に根づいてしまうことです。そのとき意識は聖なる自己と一つになっています。もしあなたがハイアーセルフとは高次元にいて、自分は低次元のちっぽけな存在にすぎないと考えているとしたら、そうではなかったことに気づくでしょう。実のところ人間としてのあなたは、あなたという存在全体から見ればほんの一部分にすぎず、多次元とつながっているハイアーセルフこそが本当のあなたなのです。

メタトロンからあなたへ、次のようなメッセージが届いています。

……………………………………………………

あなたの魂は、時間と空間を超え、次元を超え、さまざまな現実レベルと夢の世界を超えて何百万年にもわたる旅をしてきました。そのなかで、あなた自身の本質ともいえる特性があります。それはあなたという存在のもつ輝きであり、決して変わることがないどころか、その輝きは感情レベルや思考レベルで現実の理解が深まるとともにますます豊かになっていくのです。本質は変化しません。あなたの内にいつも響いている魂の歌をうたうとき、時間も次元も超えて、かつてあなたがいた世界とつながるでしょう。あなたが魂の座にすわり、魂の歌をうたうとき、これまで体験したありとあらゆることにアクセスできるようになるのです。

　唯一そのつながりを妨げるものは、あなたの本質ではない抵抗や怖れや思いこみです。魂は時間の中には存在していません。魂は人の意識に降りてきて、時を経過していくその人の一部に寄り添っているだけです。

　魂は光です。魂は本質であり、波動です。魂はあなたの意識の器であり、時間と次元を超えてあなたを運んでいきます。あなたの魂を制限するものは、その旅を通じてあなたが身につけてしまった偽りの自己だけです。あなたは光からより濃密な物質の形へと引きこまれ、一時的に固定されました。その一生もしくは何世紀かのあいだ固定された場所が、あなたの時間軸という制限をつくりだします。その時間軸の制限によって、あなたの意識と神聖な源とのつながりが断たれました。そうしてネガティブなエゴの幻想である偽りの自己が、みずからを純粋な本質から切り離してしまったのです。

　過去の人生において、あなたはより高い次元にいたかもしれません。しかし分離という幻想の中で、あるいは自己卑下や自己犠牲という幻想の中で、そしてさまざまな体験で生じたカルマのパターンという幻想の中で迷子になったのです。あなたはそれらの体験を進化成長のための機会と見る代わりに、その幻想の自己が自分なのだと信じこんでしまいました。そう信じている意識は、魂の無垢なる場所にふれることができません。スピリチュアルな道の全体とは、ただエゴのはきちがえによる偽りの自己像を一つひとつ回収し、すべてをあなたの本質へと帰してあげることなのです。

もう一度言いましょう。目の前の現実に反応して偽りの自己意識におちいることなく、その現実をただ観察することができます。内なる光との結びつきを感じてください。そして思い出してください。あなたはその純粋な光から人生を歩みはじめたのです。すべてはその光から起こり、あなたはそれらの経験を目撃し、そこに魂の光をあてていただけなのです。あなたの魂と同じ波動の人々に会って深い体験を分かち合うとき、あなたの魂の光は明るく輝きます。それに気づいたあなたは彼らと一緒に過ごすことを選び、生涯にわたるパートナーや親友になるかもしれません。いっぽう、近くにいても魂でつながれない人々には、興味を感じたとしても一過性でしょう。心にふれるものがないからです。

この世に誕生したとき、あなたは純粋な意識として、光の存在として身体に宿りました。そして生まれてしばらくは、あなたのまわりで起こることをひたすら観察しました。それから起こっていることに共鳴しはじめ、こんなふうに結論したのです。「えっ！

みんなは神さまが見えてないんだ。妖精もイエスも天使の姿も見えないのね。そうか、じゃあ私もここにずっといるんなら、そういうものは見えないことにしよう」。あるいは、自分が無条件の愛のままでいると、まわりの人がそのエネルギーをどう扱っていいかわからず怯えてしまうということに気づきはじめたのです。そしてあなたは自分自身の純粋無垢な本質でなく周囲のエネルギーに合わせることにしました。そうするほか、肉体にとどまる方法を知らなかったからです。

それから少しずつ、あなたという存在の本質に代わって、肉体として生存していくためのメカニズムにそったペルソナ[※]が形成されはじめました。体験を重ねるたびにその体験を自分だと見なすようになりました。そして自分は体験の犠牲者だと感じ、それを自分に有利なようにコントロールしなければならないと感じ、こうむった害を本当だと信じこむようになったのです。自分の本質のままでいることをやめ、まわりの人々とつながるために波動を下げたので、害や傷、コントロール、犠牲、限界などという見方はどれも選択の一つだということさえわからなくなってしまいました。あなたは自分が選んだことを忘れ、選択できることも忘れてしまったのです。

ずっと本質のままでもいられたのに、それを忘れてしまったあなたは別の現実の住人

※編者註　ペルソナとは人格的な仮面あるいは役割のこと。

となるために分離の道を選びました。あなたがそれを選んだ理由のひとつは、まさにあなたの存在を特徴づけている魂の内なる切望のためでした。すべての存在がそうであるように、あなたは身体をもった人間になる以前にさまざまな次元を体験しています。そこでなにか分離を経験し、愛が欠けていると感じたのです。あなたは忘れていますが、あなたはその現実を体験するためにみずから選んでそこに入っていきました。それはありとあらゆる現実の可能性を知りたいと願ったからでした。

なぜあなたは人間に生まれてきたのでしょう？　どうして数知れぬ次元を旅してきたのでしょう？　あなたが演じてきた多様な役割は何のためだったのでしょう？　その理由は、あなたがあなたという存在にひそむすべての可能性を体験しつくしたいと望んだからです。ところがそうするうちに、やがてあなたはこの分離の世界がほんものだと信じるようになりました。ひとつの体験を観察して次の体験へと移行するはずだったのが、それを傷だと信じこんでしまったのです。けれどもこのレベルの自己探求は、いまや終わりを迎えています。

あなたがたはもうマスターの道へと移行する準備ができています。みずからの純粋な本質、多次元的な真の自己へと還るプロセスを歩みだすときなのです。あなたの本質は、本当のあなたではないものの中で封印されてきました。エゴの幻想の世界で、あなたは根源とのつながりを失ってしまったと思っているかもしれません。でもそれは偽りの自己がそう思いこんでいるだけです。

あなたの本質が神聖な源と切り離されることはあり得ません。あなたが愛の海の中にいないことなど一瞬たりともありません。愛はすべてに満ちています。ただ愛の波動はとても高いために、波動の低い状態では感じられないのです。

自分の問題に対処することばかりに意識が向いて、他者との境界線をめぐる偏った不信感や被害妄想などの関心事で頭がいっぱいになっていたら、低い波動にしばりつけられてしまい、神聖な源とのつながりを感じることはできないでしょう。生き延びるための格闘に精一杯で、その世界がすべてだと思いこんでいるからです。エゴは自分の今の居場所を失ったら死んでしまうと感じているので、必死でそこにしがみつき、もがき苦しみます。エゴには神聖な源とのつながりが信じられないのです。

あなたの魂の座についてください。それを感じてみてください。そのシンプルさと静けさが感じられるでしょうか。魂は無垢で純粋で、自由さに満ちています。その魂の座から自分にこう問いかけてみましょう。「私がいちばん望んでいることは何だろう?」と。

言葉の感覚に注目してください。「私のもっとも深い望みは何だろう？」もしあなたが人々の魂と溶けあうことを望んでいると感じたら、完全に信頼して、ただ魂を溶けあわせましょう。そうすると人の体験がわかってきます。あなたと誰かの魂が溶けあう、その魂の座をよく感じてみてください。そのような方法でおたがいに出会うことができるのです。

今から、あなたにエネルギーを送りましょう。私たちとともにいるすべての光のガイドに協力を求め、あなたとハイアーセルフに働きかけてもらいます。あなたのほうからも、人々の魂との純粋無垢なワンネスを感じられるよう私たちに要請してください。それを感じないように阻んでいる障害物にあなた自身が気づけるよう、私たちからインパルスを送ります。するとあなたはそこから偽りの自己を解き放っていけるでしょう。そのあと、あなたのクリアリングのプロセスを私たちが手助けします。

あなたの内なるハートである魂の座から、今、光のチェンバーを招き入れてください。そして魂の本質を感じないように妨げているものを、あなたの意識から一掃してくれるよう求めましょう。そして深く呼吸しながらこう問いかけます。

「私の身体の意識が魂から分離したおおもとの原因は何でしょうか？　そのときの私

のエネルギーや、思い、感情、状態を感じさせてください。自分の本質を感じられなくしている、その最初のルーツを教えてください」

かつてあなたの意識は何かをとりちがえたのです。それが何なのか、感じてみましょう。身体のどのへんにありますか？　どこにあってもおかしくありません。分析しようとはせず、ただ感じるだけでいいのです。その中に入っていき、そのエネルギーをよく感じてください。それから、感じられるものが言葉になるのを待ちます。身体のどこかが反応して萎縮したりするかもしれませんが、その感覚にふさわしい言葉を待ちましょう。〝それ〟に語らせてください。その現実に耳をかたむけます。もちろんあなたはそれが幻想だと知っています。でもその話も、その心情も、そして身体が反応する感覚も、あなたにとっては驚くほど馴染み深いものでしょう。

原初の分離体験へと意識を戻すとき、そこには今のあなたが身体や心に感じているものと共通する要素があるということを忘れないでください。今の人生で別の文脈や言葉に置き換わってはいても、その波動はまさにそっくりそのままなのです。

それらの原初の言葉から、何かしら今のあなたの信念が形成されています。たとえば、もし自分がいつも本質のままでいたら周囲の人たちが怒りをぶつけてくるだろうとか、自分が殺されてしまうだろう、あるいは、どうせろくなことにはならないに決まっている、などと信じているかもしれません。その信念をあなたにぴったりくる言葉で表現してみましょう。

つぎに、その言葉をシンボルや絵にして思い浮かべます。そしてそのシンボルや絵が、あなたの時間軸のすべて、つまりあなたという存在の全時代にわたって一貫して貼り付いているのを見てください。あなたの時間軸のすみずみまで浄化されるように願いながら、それをはがし、細かく破いて燃やしてしまいましょう。

では、これからあなたのガイドに依頼して、今あなたに手放す準備ができている信念にまつわる痛みをのこらず消し去ってもらいましょう。あなたの身体からも、時間軸からも、あらゆる過去世からも、すべてです。準備はいいですか？　私たちも一緒に消去を手伝いますから、あなたも深呼吸をしてください。あらゆる時間と空間をとおして、あなたのすべての身体、すべての次元から、この信念につながる痛みが完全に消えるように求めてください。そしてあなたのガイドに言いましょう。

「私がこの信念に向き合う時だとわかります。この信念はとても長いこと私を支配しつづけ、もう十分に役目を果たしました。私はエゴの幻想を手放す準備ができました」

神聖な源、聖なる母と聖なる父に、あなたの時間軸のすべてに愛を送ってくれるよう求めてください。あなたの意識は3次元の終点から、つまり時間軸のはるかな果てからそのエネルギーを封印していたのです。その絵あるいはシンボルをもういちどイメージしてください。そして大天使ミカエルにたのんで、真実の剣を差し出してもらいましょう。「これは私の真実ではない」と言い、真実の剣でその信念を断ち切ります。細かく切り刻んだら、大きな虹色の炎ですっかり燃やしつくしましょう。虹色の炎は、あなたのすべてのエネルギー体をきれいに浄化してくれます。

その浄化が行われているあいだ、ガイドにお願いして、あなたを萎縮させる次の場所に連れていってもらいましょう。あなたの本質とつながれなくしている言葉や契約があるところを感じてください。そこにはまた別の言葉や、心をかき乱す声や、あなたを神聖な源から引き離すために使ってきた信念がひそんでいるかもしれません。今の時点であなたにとってもっとも重要な鍵となる問題が浮かびあがるように求めてください。それがわかったら、身体や感情のどの部分に萎縮があるかを感じてみます。それは何と言っていますか？　感じていることをすべて言葉にして語らせましょう。いくつもの内容が話されるかもしれません。すべての言葉をじっくり聞いたらその内容を要約してたばね、前と同じやり方ですっかり消えてなくなるまでクリアリングしましょう。

あらゆるレベルで自己価値の問題があり、それにまつわる信念や契約があり得ます。「もう二度と誰も信じない」、「二度とふたたびリスクは冒さない」、「決して本当の自分を見せてはならない」といった契約を自分自身と結んでいるかもしれません。それはみな偽りの自己がしたことです。今、それを手放すときです。あなたがそれらを発見してクリアリングのプロセスを歩めば歩むほど、あなたの時間軸をとおしてあらゆる次元や人生を浄化していくことになります。私たちは喜んで力を貸しましょう。

あなたがそれらに誠実に向き合って完全に手放す覚悟があれば、すばらしい勢いで解放が進み、とほうもなく自由になれるでしょう。けれどもあなたが愛を全面的に信じることに怖れをいだき、不安を感じているとすれば、まずはそこから手放さなくてはなりません。怖れがあれば二度と同じ過ちを繰り返さなくてすむので安全だと、絶対に怖れを手放さないことに決めている人は、その自分との約束をすすんで手放しましょう。

怖れは偽りの認識だということに気づいてください。怖れは生存のメカニズムの一部になっているかもしれませんが、それさえあなたが神聖な源とのつながりを信じなかったために生まれたものなのです。あなたは今ふたたび神聖な源とつながることができます――あなたさえ望めば。

あなたに真の自己が見えるよう、光の女神セクメトが手を貸してくれます。誤った自己認識を持ってしまったところはどこなのか、どの部分で生存のメカニズムがあなたの本質や神聖な源から遠ざけてつながりを感じられなくしているのか、知らせてくれるように助けを求めてください。そしてあなたのガイドに、そこにへばりついた怖れやもろもろの感情を感じる勇気を与えてくれるよう、依頼してください。あなたはその先へと超えていくことができます。そして内なるキリストを体現し、ふたたび本当のあなたの純粋無垢と愛と信頼を生きられるようになります。

みずからの真実の場所に入っていこうとする、あなたの深い望みに感謝します。あなたがたはいつでも私たちや光のガイドたちを呼び寄せることができます。未来は大いなる祝福と勝利に輝いているのが見えます。その一翼をあなたが担っていることを知ってください。あなたがこうした問題を乗り越えて身につけた勇気と強さ、そして今このときに真実を生きることは大いに報いられるでしょう。あなたという存在の本質的なすばらしさを知ってください。あなたは無傷です。一瞬たりとも聖なる母と聖なる父を失望させたことはありませんし、ほんとうの意味で損なわれたことなど一度もありません。

あなたの全存在にわたって、ほんのつかのまでも愛されなかった瞬間などなく、つねに無条件に愛されてきたのです。

ワンネスのスピリットと光の聖霊のもとに、そして〈すべてなるもの〉の愛と純粋無垢と美において、ソラレエンロ※

メタトロン

あなたが魂の歌をうたうとき、時間も次元も超えて、かつてあなたがいた世界とつながるでしょう。

あなたが〈すべてなるもの〉との聖なる絆をとりもどすために、より高次元の自己と深くつながる方法を次に紹介したいと思います。まずはじめに、あなたの4次元・5次元・6次元の自己である内なるキリストとつながります。このレベルの自己はおよそ3～4メートルほどの背丈、つまりあなたの倍くらいの大きさに見えるでしょう。

次に7次元・8次元のあなた、すなわちキリストの師であるメルキゼデクの意識レベルとつながります。その次元の自己はおよそ10メートル近くの背丈で、あなたの5倍くらい大きいでしょう。

※編者註　ソラレエンロとは、プレアデスの言葉で "So be it."（そうありますように）という意味。

さらに9次元・10次元のあなたは、メルキゼデクの師であるメタトロンの意識レベルです。この次元の自己は背丈が20メートルくらいあります。

最後に出会う11次元・12次元のあなたは、大天使やエロヒムといった神々の領域の意識レベルです。この高いレベルであなたは大天使やエロヒムのいずれかの種族とつながるでしょう。それがどの種族かわからなくても心配はいりません。この次元のあなたは無限大です。

では、やってみましょう。

❖多次元の自己との絆を深める

1　はじめに、ハイアーセルフと光で深くつながります。

2　大天使ミカエルを招き入れ、真実の剣で守護してくれるように依頼しましょう。

3　ダイヤモンドの光をイメージしてください。その光が8の字のような無限大のシンボルを描きながら、あなたの第一チャクラ（尾骨のルートチャクラ）と、内なるキリストの第一チャクラとを結びつけてくれます。次に、その光は無限大のシンボルを描いて7次元・8次元の自己における第一チャクラともつながります。そしてさらに光は9次元・10次元の自己の第一チャクラへとつなげてくれます。そして

最後に、11次元・12次元の自己の第一チャクラに結びつきます。深く呼吸しながら、それぞれとの第一チャクラの絆を感じてください。

4　次にダイヤモンドの光は無限大のシンボルを描きながら、あなたの第二チャクラと、内なるキリストの第二チャクラをつなぎます。それからその光は7次元・8次元の第二チャクラと結びつきます。さらに9次元・10次元の第二チャクラとも結ばれ、最後に11次元・12次元の第二チャクラにつながります。深い呼吸とともにそれぞれの絆を感じましょう。

5　その次は、みぞおちの第三チャクラです。ダイヤモンドの光が無限大のシンボルを描きながら、あなたの第三チャクラと内なるキリストの第三チャクラを結びつけます。さらにそれが7次元・8次元の第三チャクラ、つづいて9次元・10次元の第三チャクラ、最後に11次元・12次元の第三チャクラとつながります。深い呼吸とともにそれぞれの絆を感じましょう。

6　あなたの胸のハートチャクラと内なるキリストのハートチャクラが、無限大のシンボルを描くダイヤモンドの光で結ばれます。さらにそれが7次元・8次元、つづいて9次元・10次元、最後に11次元・12次元のハートチャクラとつながります。深い呼吸とともにそれぞれの絆を感じましょう。

7　あなたの喉のチャクラと内なるキリストの喉のチャクラが、無限大のシンボルを描くダイヤモンドの光で結ばれます。さらにそれが7次元・8次元、つづいて9次元・10次元、最後に11次元・12次元の喉のチャクラとつながります。深い呼吸とともにそれぞれの絆を感じましょう。

8　あなたの眉間、第三の目と内なるキリストの第三の目が、無限大のシンボルを描くダイヤモンドの光で結ばれます。さらにそれが7次元・8次元、つづいて9次元・10次元、最後に11次元・12次元の第三の目とつながります。深い呼吸とともにそれぞれの絆を感じましょう。

9　あなたの頭頂にあるクラウンチャクラとキリスト意識のクラウンチャクラが、無限大のシンボルを描くダイヤモンドの光で結ばれます。さらにそれが7次元・8次元、つづいて9次元・10次元、最後に11次元・12次元のクラウンチャクラとつながります。深い呼吸とともにそれぞれの絆を感じましょう。

10　ただくつろいで、この深い絆を好きなだけ感じてください。

＊　＊　＊

この瞑想はいつでも、何度でもできます。くり返すほどあなたの多次元的な絆は強まり、やがて確固としたゆるぎない結びつきが築かれるでしょう。どうか楽しんでください。

10
章

主体性

主体性とは、あなた自身があなたの主《あるじ》でありマスターであるという意味です。あなたの上には誰もいません。あなたに答えをくれるのはあなただけです。あなたにはグルも、何をすべきか教えてくれる人も必要ではありません。あなたの内側にすべてがあるからです。どんな人生を選ぶとしても、それはあなたの選択なのです。

この地球の特別な時期において、私たちはマスターの道、つまり完全な覚醒への道を歩んでいます。誰かに依存していては、そこに到達することはできません。あなたが天国の門の前に立っているとしましょう。なぜ入りたいのかと問われて、もし「私はだれそれの弟子で、すべて先生に言われたとおりに学び終えたので入れてください」と答えたとしたら、たぶんあなたは「帰りなさい」と言われるでしょう。

多くの人々が、この種の共依存的な関係を誰かしらと結んでいます。相手はパートナーかもしれませんし、グルやスピリチュアルな指導者や、本の著者、あるいは親しい友人かもしれません。そして自分自身の内なる叡智を信頼できずに、自己不信と責任放棄のなかで生きているのです。いつも人に言われたことや勧められたことをしようと一生懸命なので、自己信頼がなかなか育っていきません。それではいったいどうやって覚醒し、マスターの道を歩むことができるでしょう。マスターとはあなた自身が自分の主人になるということで、あなたのほかに頼るべき人はいないのですから。マスターは24時間いつでも主体的でいなければならないのです。

あなたにはグルも、何をすべきか教えてくれる人も必要ではありません。

自分の主権を誰かにあずけて生きているとすれば、それもあなたの選択です。ただしそれは決してよい選択とはいえません。私たちはあらゆる面でマスターとしての主体性を身につけるために地上にいます。あなたに必要な答えはすべてあなた自身の中にあります。そう、すべてです。もちろん、スピリチュアルな指導者やヒーラーや本の著者から学べることはたくさんあるでしょう。パートナーや友人からも学ぶものがあるでしょう。けれども、それらを信じるかどうかはあなたの選択です。自分のパワーを誰かに譲り渡すことも、あなた次第なのです。

ここで言うパワーとは、人や状況をコントロールする力のことではなく、あなた自身と内なるガイダンスを信じるという内的なパワーのことです。自分を決して信頼せず内なるガイダンスに従わないことも自分で選んでいるのです。賢明な選択をしても、ネガティブなエゴから選択しても、あなたが自分の運命の主人です。誰かに寄りかかって生きることもまた自分の選択です。あなたのほかに誰ひとり、あなたの人生を選んだり支配したりできる人はいません。それができるのはあなただけなのです。

現実とはなんと見事なものでしょう。そう気づいていようといまいと、いつだってあなたは自分の運命の主人なのです。あなたが自分の真実を言わないとしたら、言わないことを選んでいます。たとえ誰かがあなたを脅して怖がらせたとしても、そのような現実が自分に起こることをあなたは許容したのです。重要なのはほかの人々が何をしたかではなく、自分の人生がそれに支配されることを許すかどうかです。誰かに選択をゆだねた結果であれ、そうなることを許したのです。

もしあなたの人生にそのような人々がいるなら、それらの人との契約をすべて取り消してください。そしてスピリチュアルなマスターの道を歩むために、自分自身に新たな誓いを立てましょう。意識的にあなたの人生と運命の主人として生きてください。

瞑想し、ハイアーセルフとつながることがその第一歩になります。グラウンディングを学び、身体の中にしっかり存在するようになることも大切です。グラウンディングしてハイアーセルフとつながれるようになったら、瞑想のなかで観照者として自分を見つめることを練習しましょう。

瞑想のあいだ観照者でいることは、自分自身を知るすばらしい方法です。あなたのエゴの心はどうやって邪魔しようとするでしょうか。それを裁かないでください。ただ観察して、意識的に選択します。観照者でいることは真の自己を発見する道です。あなたは人生という学校で学んでいる美しい光の存在なのです。すべてがレッスンです。目が開かれたとき、ロボットの心から解き放たれて本当のあなたに戻るでしょう。

あなたはすでに自分の運命の主人です。これまではその主体性を気分しだいで使ってきたかもしれません。ここでちょっと立ち止まり、自分自身について、そして人生の選択について見直してみてはいかがでしょう。たとえばこんなふうに自分にたずねます。毎日をただ決められた通りに漫然と過ごしてはいないだろうか。生命の呼びかけに全存在と信頼をもって応えているだろうか。それとも自動的に周囲の要求に応じているだけなのだろうか。自分がすることを意識的に選んでいるか、あるいはただロボットのように生きているのか。自分自身として十分に存在し、人生で起こることを意識的に見つめているだろうか。もしくはただ周囲に適応しているにすぎないのだろうか？

多くの人々が子どもの頃に「みんなと同じでなければならない。本当の自分を出してはいけない」という契約を自分自身と、あるいは親と結びました。あなたもそうでしょうか？もしそうなら、それらの契約を解消して新しい誓いを立てましょう。まずは自分が生きている現実と自分の選択を問い直すことからはじめてください。定期的に瞑想をつづけるにつれて、誰と一緒にいても、またどんな環境でも、少しずつあなた自身として存在できるようになっていきます。そしてあなた自身でいればいるほど、内なるガイダンスも感じやすくなってくるのです。

ガイドやハイアーセルフは、あなたに代わって何かをしてくれるためにいるのではありません。彼らはあなた自身が主体として、意識的にマスターの道を歩めるように手助けしています。あなたに代わってそれをしてしまえば、あなたが何も学べないことをよく知っているのです。光の存在であるガイドやハイアーセルフはしばしばあなたに問いかけてくるでしょう。彼らはあなた自身で考え、自分なりの考え方を身につけられるよう導いてくれています。あなたがものごとの是非をよく吟味し、なにが絶対的な善でもっとも望ましいことなのかを自分で選びとれるようになってほしいと願っているのです。

そのために大切なのは、たとえどんな理由があっても自分をごまかさず、つねに自分の真実を口にするということです。他者の意見に同感ならそう言いましょう。異論があるときも、やはり言いましょう。もしあなたがぞんざいに扱われていると感じたら、感じていることを相手に知らせて、なぜそうするのか理由をたずねてみましょう。もしそれで相手が激怒したら、それはしかたありません。相手の反応はあなたの責任ではないからです。あなたの責任は、あなたの真実を話すことです。

ずいぶん前ですが、こんなことがありました。ある女性の家を訪ねたとき、その女性はひどく憤慨して同居人のことをあしざまにけなしはじめました。私は彼女をさえぎり、その話をつづけたくないと言いました。私は自分の人生でもう批判的な決めつけはしないと誓っていたからです。そのような批判的な意識がどれだけ人を損なっているかに気づいたという話を私がすると、彼女は私をにらみつけ、「でも私にはそう感じるだけの正当な理由があるのよ」と言いました。私は、「もしあなたが感じることを正直に分かち合いたいのなら、私は喜んで聞き役になるわ。でも誰かをゴミのように言うのは聞きたくないの」と言いました。その瞬間、彼女はそんなことを言われたくもないし、これからも批判的な態度をとりつづけるだろうということがはっきりわかりました。

私自身は誓いを立てたら、つねにその誓いとともに生きる必要があると考えています。ほかの人と違っていても自分の選択を伝え、なぜそうなのかを話せばいいだけです。もし相手が私の話を理解したくないのなら、私は自分の真実を伝えてそこから離れます。それには、ものごとを個人的にとらないという内なる場所に立っていなくてはなりません。

世界中の人々がそれぞれのペースで学び、成長しています。あなたはある分野では抜きんでて前を歩いているかもしれませんが、ほかの分野ではずっと後ろを歩いているかもしれません。そのように見ると、人がすることには何ひとつ個人的なものはないという真実がわかってきます。人はみなそれぞれの成長と進化のなかで、自分が今いるところを表現しているのです。いまだに批判や不誠実そのほかの好ましくない体験を学んでいる人は、近くにいる誰とでもそれを演じようとするでしょう。そこにあなたが巻き込まれる必要はありません。あなたは単にそこに居合わせただけです。ですから、もしあなた自身がさげすまれたように感じたら、それは違います。その人はその人の学びと成長のために今の状況を生きているにすぎません。あなたがそれを理解するとき、おのずと愛と慈しみが湧いてくるでしょう。

愛と慈しみは、主体性を生きるためになくてはならないものです。真にスピリチュアルなマスターは、自分の仕事は人々を支配することではないのをよく知っています。マスターがすべきなのは自由意志という宇宙の法則を重んじることです。私たちにはつねにその法則を尊重する責任があります。癒しを求めも認めもしない人に、癒しを送ることはできません。相手が学びたくないものを教えることはできないのです。人に変化を強いることは、自由意志という宇宙の法則に反します。

自分を守ることも、自分の真実を語ることも、その人の自由です。もし誰かにあなたの言葉を聞きたくないと言われたなら、そこから去ってもう関わらなくてもいいのです。なにも裁かず、愛と慈しみのあるやり方でそこを離れることができます。この地球という学校において、誰もがいるべきところにいるのです。それはすべての人にとって普遍的な権利だということを、どうぞ忘れないでください。

真に主体的であるとは、自分自身を頼りに、みずからの内なる叡智を深く誠実に信じることです。この本で示しているように、あなたの美しい資質をすべて体現することによって、それは可能になります。あなたの内なるガイダンスを信頼してください。あなたがまだ気づいていないとしても、それはつねに手の届くところにあります。あなたはそれを聞くでしょう。必ずそうなります。

第Ⅳ部

ワンネスという故郷

Home in Oneness

11章 スピリットの完璧さ

故郷に帰るということは、感情、思考、肉体、スピリットのすべての次元を含みます。アンドロメダ、シリウス、プレアデスや別の宇宙から来たかどうかは関係ありません。私たちが今いるところが自分の故郷なのです。それは物理的な場所とは無関係です。

ニューエイジのこの時代、「私はここの人間ではない。故郷の星ではこんなやり方はしなかった」と思う人もいるでしょう。でも、どうか信じてください。私たちはたまたま偶然ここにたどり着いたわけではありません。ここに来ることを選んだから、ここにいるのです。制限されているように見える現実で生きることを学ぶため、そして故郷とは意識がつくりだすものだと学ぶためにここに来ています。

ここが故郷だとわかると、もといた場所にはもう二度と帰らないかもしれないと気づくでしょう。スピリチュアルな成長と学びのプロセスが長い一本道であれば、決して後戻りすることはありません。つねに前に進んでいるのです。いつも故郷にいるとしたら、指をパチッと鳴らした瞬間に過去のすべては飛び去り、後ろを振り返らず歩みつづけるだけです。あなたが今いるところが故郷なのですから。

かつてエロヒムは、「聖なる流れのマトリックス」※と呼ぶところに私たちが戻っていけるよう、細胞を正しく回転させる働きかけを開始しました。その聖なる流れの中にいれば、私たちはどこにいようと、また悠久の時間のなかで細胞組織がどれだけ変異しようと、今いるところが故郷になるのです。エロヒムは私たちをマーという種族とレムリア人のエネルギーに出会わせ、どのようにして聖なる流れを体内に導入するかを思い出せるようにしました。レムリアではじめて肉体が創造され、まだ細胞も変異していなかった頃、私たちはレムリア人のエネルギーをとおして、まったく変異していない身体とはどういうものかという記憶を定着させました。そこから、分離を感じることなく自分の内側に故郷を築くためのあり方を学んだのです。

〝何かが間違っている〟という不信感や疑いや怖れから、いかにたやすく分離の幻想が生じるかもわかりました。こうしたあり方は私たちを萎縮させ、どこにいても安心してここが

※編者註　「聖なる流れのマトリックス」のプロセスはアモラの4冊目の著書『プレアデス 神聖なる流れに還る』（ナチュラルスピリット）の27章に記されている。

故郷だとは感じられないようにしてしまうのです。皮肉なことに、その不信感というのはもともと故郷のやすらぎや安心感を求める深い切望から来ているのに、怖れに満ちたあり方によって怖れの中に住むことになってしまったわけです。いつもというわけではありませんが、嫌なことを人がするのを見たとき、私たちは身を固くして縮こまります。自分を閉ざして身を守ろうとするのです。けれども、これでは逆効果です。そうすると分離をつくりだしてしまうからです。つまり縮こまることによって、私たちはスピリット本来の輝きと流れを遮断してしまうのです。

以前、クジラのエネルギーが部屋いっぱいに満ちたことがありました。そのエネルギーは「ホーム（故郷）」と歌いつづけていました。この言葉には神聖な意味があります。「ホー」はネイティブアメリカンの「はい」という肯定の返事であり、「オム」は神の音です。ですから、「ホー・オム」つまり「ホーム」とは、神の音を肯定するという意味なのです。私たちが「ホーム」と言うとき、自分自身の内なる神に同意することになります。それは自分が誰であるかを宣言するアファメーションなのです。

存在するすべてのものは、神聖な源から湧きだす完璧さに満ちています。すべての意識には永遠の命が宿ります。それらはみな神聖な源から生まれ、みずからの存在に目覚めたのです。その神聖な源だけが故郷です。その故郷こそワンネスであり、そこがあなたの本当のふるさとなのです。

日々の生活において、神聖な源との結びつきが言葉にならないほど聖なるプロセスになってくると、もはや疑いようもなく明らかなことが起こりはじめるでしょう。私たちがここ地上にやって来たのは、スピリットの完璧さを分かち合うためです。神聖な源から〈すべてなるもの〉に向かう、スピリットの清らかな流れを担うために私たちはここにいるのです。

深く呼吸して、自分にこう問いかけてみてください。

「この瞬間以外に何もないとは、どんなことだろう?」

このようにたずねたとき、あなたの身体はどう感じるでしょうか。細胞のすみずみまで呼吸をゆきわたらせてください。この瞬間以外に何もないとはどういうことでしょうか。わかりますか?　過去は祝福となり、次の瞬間はひとりでに展開していくのです。

その状態にもっとも近いのは、瞑想の〝無我〟の境地です。無我とは今にいること、そして心に何の思惑もないことです。あなたに大きなビジョンがあったとしても、その瞬間にはすべて消えてしまいます。あなたはただ現在にいます。現在にいるというのは絶対的なことです。存在するとは、今この瞬間の思いとともにいることです。何の思考もない静けさで、今この瞬間にいることです。現在にいるというのは、あなたの目の前にいる孤独に閉ざされた人――つまりあなた――を見つめることです。

スピリットの完璧さが現れていれば、あなたの達成したい目標がいつ成就するか、あるいはいつ必要なくなって手放すべきかがわかります。今にいるとは執着がないことです。絶対的な完璧さは無執着の中にしか存在し得ません。〝執着〟や〝無執着〟という言葉はひんぱんに使われますが、多くはまだ思考レベルでしかとらえられていないようです。故郷に帰ろうとする真の探求者にとって、何より必要なのは、執着のない境地を〝感じる〟ことのできる感性です。無執着という概念がどんなに美しくても、実際に執着のない流れが感じられなければ何にもなりません。概念や言葉とは、適切にふるまい、感じ、存在するためのきっかけでしかないのです。

スピリチュアルな探求においては、真の自己でないものは何も求められません。もしあなたがカルマのパターンをくり返しているとしたら、あなたのスピリットが今度こそ正しくそれを乗り越えるように後押ししてくれているのです。もし古いカルマでつながったパートナーとこの人生でふたたび出会い、その関係の傷を解消することができれば、それはスピリットからあなたへの贈り物です。ときに贈り物がエゴの包装紙にくるまれていようとも、言ってみればそれもまた学びの一部なのです。やましさ、恥、自責の念や復讐心からそれらを選べば、負のカルマのプロセスにとらわれることになりますが、それがここに来た目的なのではありません。それを超えるためにあなたはここに来たのです。

ここを去るとき、あなたはただ十分にやり終え、その原因を解消して帰るでしょう。つまり何かを求めてここを去るのではなく、やり終えたときに去るのです。地球を離れたいという欲求は、むしろあなたを地球に縛りつける要因になります。スピリットはあなたが現実のあらゆる面で無限の可能性を感じられるよう、逃避せずに生きることを求めているからです。こんな地獄の穴からすぐに逃げ出したいとあせれば、高次元に行っても恐怖をかかえたままでしょう。高次元の世界でさえ、あなたが思うほど何もかもクリスタルのように澄みわたっているわけではありません。そこでの存在たちも地上でやり残したことを感じ、地上の人々に愛を送っているのです。〈すべてなるもの〉の完全性を尊重し、ときにはそれをもういちど体験したくてハイアーセルフが地上に戻りたいと願うこともあります。地上世界での犠牲や行き詰まりなどといった概念はどれもみな、見かけどおりではありません。あなたが体験しているカルマの多くは、ただ自分がそうすることを選んだからなのです。

あなたがどんなことを選択しても、スピリットの完璧さは決して脅かされることがありません。それが脅かされるのは、そこに選択の余地はないと信じこんだときだけです。唯一、スピリットの完璧さを脅かすものがあるとすれば、それは何かが自分の意志に反してなされたという思いこみや決めつけなのです。人生において、その体験が何らかのレベルで自分の鏡でない瞬間などあり得ません。自分が何かを選ばなかったことで、それは起こったのかもしれません。たとえ自分で直接つくりだしたのではないとしても、別の何かを選ばなかったという意味でそこにも学びがあります。

スピリットの完璧さが脅かされるのは、
そこに選択の余地はないと信じこんだときだけです。

自分の人生や意識に起こったことの責任をすべて感謝とともに受け入れることで、スピリットの完璧さが輝きはじめます。あなたの意識が神聖な源や真実とつながっていれば、あなたを損なうようなことは起こり得ません。信じられないと思うかもしれませんが、ほんとうにそうなのです。キリスト教における十字架のイエスの話はいくぶん誤解されていますが、それでも高次の目的をもった魂は決して損なわれることがないという見事な実例です。肉体は痛みを感じたとしても、本質である光の存在は損なわれようがないのです。私たちは霊魂レベルでの害という概念に物理的な現実をからみつけてしまい、そのためにさまざまなかたちで自分を制限し、自分自身を人生の犠牲者に仕立ててあげてしまいました。でも実は、「何を見るかは自分で選べるんだ。君が選べばいい」という歌のように、世界はとてもシンプルなのです。

もしも誰かがあなたの頭に銃を突きつけていたとしても、その人をどう見るかはあなたの選択です。自分が誰なのかを忘れてしまった光の存在だ、と見ることもできます。あなた自身の不運に注目する代わりに、その人に慈しみをもつことを選んでもいいのです。とはいえ、自分がいつもそうなれないからといって罪の意識を感じる必要もありません。私はそういう可能性を示唆したいだけで、すでにあなたはそのように生きているかもしれません。

たとえば前の車から飛び出してきた人が、あるいはお店のレジにいる誰かが、急にあなたに怒りをぶちまけたら、「怒りをぶつけられるなんてとんだ災難だわ！」と考えたくなるでしょう。でもそれはエネルギーを消耗するだけで、そう考えたとたん、あなたはスピリットの完璧さをだいなしにしてしまうのです。ただひとつ求められるのは、洞察を用いて、目の前の人を美しい光の存在として見ることです。おそらくそのとき、相手とのあいだに境界を保つことは必要でしょう。でもその境界はただその人を愛するためなのです。あなたが愛を放っていれば、怒りという付着物がへばりつく余地はありません。相手に対抗して身を固くしたとたん、あなたはあなた自身の犠牲者になってしまうのです。縮こまることによって、傷つけられた、損なわれたという感覚が生じるからです。愛することを選ぶとき、あなたは無敵になります。

スピリットの完璧さを体現するために、こんなふうに自分に言うことができます。「人生の貴重な一日一日に私は心から感謝している。エネルギーの無駄遣いはもうやめよう。私と人々の完璧さをけがすような考えはいつでも取り消していい」と。実のところ、他者のスピリットの完璧さを損なうことは誰にもできないのですが、それを覆いつくすほど幻想をふくらますことには加担できるのです。これはパラドックスです。そこには共同創造が介在しています。あなた自身がこの現実の創造者だと気づいているかぎり、ほかの人はあなたの完璧さに影響をおよぼすことはできません。ところが自分を制限する考えにパワーを与えたとたん、みずから完璧さにブレーキをかけてしまうのです。

あなたの中に、怒りや怖れ、恥などがあることに気づいたら、それに気づけたことに感謝してください。いまや自分の中から何を取りのぞけばいいか、そしてどこがいちばん愛を必要としているかがわかったのですから。その部分を恥じたり憤ったりせず、しっかりと向き合って愛するとき、あなたは無敵の完璧さを発揮するでしょう。

人生の一瞬一瞬であなたが批判や決めつけを選択するか、それとも感謝を選択するかによって、檻の中の囚われ人を生きるか、スピリットの絶対的な自由を生きるかが決まります。苦しみを選ぶか、完璧さを選ぶかです。あなたを傷つけられるのはあなただけです。想像しうる最悪の侮辱があなたに投げつけられたとしても、あなたさえそれを個人的にとらなければ完璧でいられます。いっぽう、あなたが自分のこととして個人的に受けとれば、それはあなたの中に浸透します。個人的にとるということは、必然的にそれによって傷つく可能性を選択してしまうことになるのです。その瞬間、あなたの意識は一部であれ幻想にとらわれるために、あなたの完璧さは一時的に弱まります。思い出してください、あなたの意識のあるところがあなたの故郷なのです。

ここで、メタトロンの次元からもたらされた、スピリットの完璧さの波動を受けとるワークを紹介しましょう。

❖スピリットの完璧さを受けとる

1　深く呼吸して、あなたのハートを感じましょう。あなたの内なる存在に入っていきます。

2　大天使メタトロンとエロヒムを招き入れてください。

3　手のひらを上に向けて前にさし出します。そして大天使メタトロンとエロヒムに、あなたの手をとってくれるようお願いしましょう。深く呼吸しながら、この結びつきを迎え入れます。感覚をよく研ぎ澄ましてください。あなたに与えられるものはみな、感覚をとおしてやってきます。

4　もういちど深く呼吸します。そこにいる存在の目を心の中でまっすぐに見つめながら、声に出さずにこう言います。「私は完璧です」。

5　あなたの身体に注意を向けて、よく観察してください。どこかに気恥ずかしさや、きまり悪さを感じるでしょうか。いらいらしますか？　やすらいで今に存在していますか？

6　今度は声に出して言ってみましょう。「私は完璧です」。これを言うとき、確実に身体に届くように言ってください。身体はどんな感覚や感情を告げてくるでしょうか。

7　次は言葉を少し変えて、「私はスピリットの完璧さを受け入れる準備ができました」と言います。身体のどこかが固くなったり萎縮したりしていないでしょうか。なにか感じられますか？　恥ずかしさや憤り？　あるいは歓び、愛、それとも静けさでしょうか。

8　するとあなたのいる部屋に、誰かがやってきます。それは未来からグレート・セントラルサンを通ってやってきた、未来の自己です。未来のあなたは真の自己と完全に一体化し、スピリットの完璧さを疑いなく知りつくしています。歓びにあふれた、子どものように無垢で聡明なその存在を近くに感じてみましょう。それが未来のあなたです。

9　あなたの一方の手をメタトロンかエロヒムにあずけたまま、もう一方の手で、未来の自己の手をとって迎え入れましょう。

10　では今度は、「今」という言葉を入れて宣言しましょう。「今、私はスピリットの完璧さを受け入れる準備ができました」。あなたの中で、しりごみしたり、抵抗や怖れを感じるところはあるでしょうか。よく観察してください。

11　ゆっくりと呼吸しながら、自分に以下のような質問をして、どう感じるかに注目します。スピリットの完璧さのために、あなたがいちばん大事にしている将来のプランを手放さなければならないとしたらどうでしょう？　あなたがもっとも強く望んでいることが本当は必要でなく、それはただ望むだけで十分だとしたら？　誰かとの関係を終わりにするときだと言われたら？　今は新たな関係に入っていくときだとしたら？　あなたがいちばん求めていることがあなたの道にはもう必要ないと言われたら、どう感じるでしょうか。肩の力をぬいて、深く静かに呼吸しながら感じてみましょう。

12　どこかが波立ったり不安になっていれば、そこに向かってすべて大丈夫だと告げてください。そして宣言します。「私は今、スピリットの完璧さを受け入れる準備ができました」。ゆっくりと深呼吸しながら、これを感じてください。

13　あなたの両手を見て言いましょう。「私の手には完璧なパワーが宿っています」。

14　大きくひとつ深呼吸してください。身体の中はどんな感じですか？

15　「私は、自分がこの完璧なパワーを賢明に使うことを信頼しています」と言います。感じられることに注目してください。

16　次に、未来のあなたと握手をして言いましょう。「私はこの完璧なパワーを賢明に使うことに同意します」。ゆっくり呼吸しながらよく感じてください。あなた自身を信頼していますか？　もし信頼できなくても問題ありません。自己信頼を学ぶ必要があるとわかったら、それに取り組めばいいだけです。

17　もういちど大きく深呼吸して、息を全身にゆきわたらせましょう。

18　これから、大天使メタトロンがあなたのチャクラ、肉体、スピリット、感情、意識の連携を癒すよう働きかけてくれます。あなたのエネルギー中枢を調整する許可を出してください。

19 レーザー光のようなエネルギーの流れが上方と前後からあなたに注がれます。何かが浮上してくるのを感じたら、それが浮かびあがるように呼吸で助けてください。あなたを制限するような細胞、遺伝子、想念体のエネルギーなど、もう学び終えたものはすべて出ていかせましょう。この恵みに感謝しつつ解き放ちます。そして深く静かに呼吸をつづけながら、およそ5分間、あなたの内なる連携を感じてください。このエネルギー調整のあと、24時間ほど光の活性化がつづきます。

20 大天使メタトロンに、あなたのエネルギーフィールドに融合してくれるよう要請しましょう。これによってあなたの周波数が上がり、高次元とつながるための光の柱が浄化されて強められます。この間、口をかるく開けていてください。

21 あなたは完璧なダイヤモンド多面体のように純粋で、透明で、美しくきらきらと光り輝いています。今、あなたはエロヒムから、暗号化されたなめらかな光の繊維のような流れを受けとります。それはあなたのエーテル体、肉体、感情体、知性体、スピリチュアル体の中で神聖幾何学の光の繊維を復活させるように促してくれます。暗号化された光が、まゆのようにあなたを包むのを受け入れてください。ダイヤモンドのようなあなたのスピリットの完璧さを見えなくし、体験させないようにしているすべての幻想を手放すことを願いましょう。

22 こう言ってください。「私は今、ありのままの完璧なわたしになることを選びます」。

23 次に、「私はありのままの完璧なわたしです」と言います。

24 ひと呼吸して、「本当にそう信じている?」と自分にたずねてください。もし信じていない部分があれば、そこに愛を送りましょう。

25 自分に次のことを確かめてください。不平不満を言うことで人の気を引くことを手放してもいいですか? 苦労にもとづいた自負心や、つねに人一倍努力するという自己評価を手放す覚悟はありますか? すべての人が自分と同じように光の輝きであることにがっかりせず、喜んで祝福できるでしょうか? よく考え、感じてください。

26 宣言しましょう。「私は今、スピリットの完璧さを受け入れます」。

27 深く呼吸してください。あなたの中にまだ痛みや抵抗を感じている部分があれば、そこに愛を送りながらメタトロンにそっと助けを求めましょう。あなたの愛にふさわしいエネルギーがレーザー光のように送られて、それが解消されるよう働きかけてくれます。

＊＊＊

身体に宿ったスピリットとしてのあなたの完璧さは、今すぐ、そしていつでも手の届くところにあります。あなたの中に負の要素や幻想がなければ、ネガティブなエネルギーがあなたにとりつくことはできません。ハイアーセルフがこの3次元の自己に十分に体現されているとき、否定的な幻想のエネルギーは近づけなくなるのです。

ここまでの内容を実践することで、スピリットの完璧さに目覚めるプロセスが促進されるでしょう。それは意識的に選択できるのです。

12章 多様性の融和

多様性の融和とは、私たちがこの地球上で達成しようとしている大きなゴールです。どれほど自分と異なっていようとも、すべての人、すべての存在をありのままに受け入れ、ともに生きることを学ぶ必要があります。それは宗教や人種、肌の色や主義主張、霊的な進化レベルなどにいっさい左右されず、そして〝こうあるべき〟という自分の考えで人を変えようとすることなく、ただそのままに受け入れて無条件に愛することです。

この多様性の融和を日々の生活で実践するにはどうすればいいでしょうか。決めつけをしないこと、非難しないこと、裏切りという思いこみや限界という幻想を手放すこと、そしていうまでもなく、真の自己としてスピリットの完璧さを生きることです。そんなことができるかしらって？　ええ、もちろんできますとも。だからこそ私たちはここにいるのです。

ここで、多様性の融和をはばむブロックをとりはらうワークをやってみましょう。私たちが誰かに対するネガティブな思いや批判をかかえていると、その相手に対しても有害なエネルギーを送ることになります。想念は移動するエネルギーなので、意図的にエネルギーを投げつけたり相手を傷つけようとしなくても、そうなってしまうのです。そのため負のエネルギーは自分で解消しなくてはなりません。

この瞑想では、はじめにハイアーセルフと溶けあい（9章の136ページを参照）、その助けをかりて、あなたの存在や意識の全体とつながっていきましょう。

❖融和をはばむブロックを解消する

1　深く呼吸します。ハイアーセルフとの絆を感じながら、しばらく静かな時間をとりましょう。いま感じている聖なるエネルギーが本当のあなた自身だということに気づいてください。

2　この瞑想のあいだ、ハイアーセルフにずっとあなたと溶けあっていてくれるよう、依頼しましょう。

3　あなたがこのまえ人を批判したのはいつでしょうか。「どうしてこんな馬鹿なことをしたの？」とか「なんて傲慢な人かしら」などと、口には出さなくても誰かをおとしめ、決めつけたときのことを思い出してください。誰かを赦せなかったり、いらついた場合も含まれます。不寛容はつねに決めつけから来ているからです。

4　では、そのときの体験を思い出してみましょう。その人を批判した瞬間、身体のどこかが縮こまったり固くなったりしましたか？　よく感じてください。もし光が弱くなってきたら、ハイアーセルフに一緒にいてくれるよう再度依頼しましょう。そしてそのときを思い出しながら、次のように自問します。あのとき私はどう感じていたのだろう？　どこが萎縮した？私はどの自分に同一化していたのだろう？　あのときの私は誰だったのかしら？……もちろん、その瞬間のあなたは部分的にせよネガティブなエゴになっていたでしょう。でも自分を責めないでください、それはさらなるエゴの罠です。ポイントは新しい選択をすることです。

5　大きくひとつ深呼吸して、その記憶を手放しましょう。

6　次にもうひとつ深呼吸して、ハイアーセルフとのつながりを感じます。

7　ハイアーセルフに手伝ってもらって、その体験を書き換えましょう。もしもあなたがそのとき、ネガティブなエゴでなくハイアーセルフと同一化していたなら、どう反応したでしょうか？　くり返しますが、これは良い悪いではありません。神聖さを生きるレッスン、つまりハイアーセルフの意識から愛で反応するための練習なのです。エゴとハイアーセルフの違いを、身体や呼吸から感じとってみてください。

8　身体の中で批判や萎縮があるところに光を注いで満たしてくれるよう、ハイアーセルフに依頼しましょう。

9　次に、あなたの近くにいるガイドたちに援助を求め、あなたが批判したり赦せなかった相手にすみれ色の小さな炎の球を送ってくれるよう要請してください。このすみれ色の炎は、その人を批判したときに送ったエネルギーを消去してくれます。すみれ色の小さな球を送ることで、あなたが用いた有害なエネルギーが消滅し、変容するのを見てください。

10　少し時間をとって、批判や決めつけをした瞬間にその思いを解消できなかった自分自身を赦しましょう。

11　今度あなたが誰かを批判したときにはその思いをすぐキャッチできるように、ハイアーセルフにたのんでおきましょう。そしてもしあなたのハートが望むなら、自分と人々に対してもっと愛に満ちた思いからふるまえるようハイアーセルフに導きを求めてください。

12　大きく深呼吸します。目をあけて部屋にもどってきましょう。

＊　＊　＊

私たちが同調性を欠いてチャクラが正しく機能していないとき、細胞の回転が鈍っています。それは思考と感情の周波数が細胞の活動を鈍らせて変異させてしまうからです。そうした細胞の回転パターンを修正して創造のリズムに戻してくれる「聖なる流れのマトリックス」というプロセスがあります。これによって細胞構造の変異が癒され、エロヒムや天使たちが私たちの流れのパターンを修正するために働きかけられるようになるのです。それには私たちが五つの基本的な資質を身につけている必要があり、そうすればエロヒムはそれを正すことができると言っています。

その五つの資質とは次のようなものです。一番目の資質は、種を植える土壌に関するもの、すなわち基本的な〝自己受容〟です。自分のすべてを受け入れる意図を持ち、たとえ受け入れられないときにも受け入れようとする意図があれば、それで十分です。意図することでエネルギーが引き寄せられるからです。自己受容は基本的な土台となります。二番目の資質は〝聖なる愛〟です。それは執着のない、無条件の愛です。三番目の資質は〝聖なる信頼〟、つまり不安や疑いや萎縮のない、洞察力を兼ねそなえた信頼です。四番目の資質は〝多様性の融和〟であり、自分とどんなに違っていようと分け隔てなく、判断や偏見なしに人々を受け入れることです。そして五番目の資質が〝聖なる意志へのゆだね〟です。それはあなたが知っている究極の正しさにもとづいて行動するということです。

地球上でミステリースクールが広く社会に認められていた時代、低い波動に甘んじている人々はそこに入ることを許されませんでした。それはエジプトに限った話ではありません。ネイティブアメリカンのシャーマンの教えやイニシエーションをはじめ、すべての文明において共通していました。つまり、それらの知識を正しく扱うことができない人々にむやみに教えてはいけないということを知っていたのです。

現代の多くの文明では、多様性の融和や、聖なる信頼、まして聖なる愛を生きるとはどういうことなのか、ほとんど理解されていません。多様性の融和と聖なる信頼を受け入れるというのは、人を無垢とみなすことです。感傷的な純真さという意味でなく、すべての人の中に純粋無垢さを認める必要があるのです。たとえその人のふるまいがまったく無垢には見えないとしても、その人の中にある純粋無垢を信頼し、そのときに誠実に行動できないことを責めないようにしなくてはなりません。逆の立場で考えてみてください。もしあなたが純粋無垢さから誠実にふるまわなかったからといって、そのたびに責められたり咎められたりしていたら、まるで重罪を申し渡されたような気分になるでしょう。それではいつも容疑者として生きているようなものです。

今の文明では、人はほとんどいつも疑いの中に生きています。私たちは誰かがへまをするのを待ちかまえているのです。愛する人や心からの善意に対してさえ、どこかしっぽを捕まえようと身がまえているところがあります。何かが間違っているはずだと思いこんでいるからです。意識的にはそう思っていないとしても、いつも何か問題が起きることを期待しているエネルギーがあるのです。「彼らを信用するなんて、私はなんて愚かだったんだろう」と言いたがっている側面が私たちの中には存在します。うますぎる話は信じてはいけないという文化的な考えにどっぷりつかり、誰も信用できないと嘆きます。つねに自分を守ろうとして日頃から自分を隠しておきます。自分を守っていなければ、不意をつかれて最悪の結果になると思いこんでいるからです。「あの人は怪しい。この人も怪しい」と考えながら日々を過ごしています。文字通り私たちは不信感の中に住み、人からひどい仕打ちを受けることを待ちながら生きているのです。

信頼というエネルギーはとても大事です。ガイドたちはかつて私にこう言いました。もし相手が嘘つきや泥棒だったにせよ、自分自身が不信や詮索や疑いにとらわれてしまえば、みずから分離と批判という幻想にはまり込むことになると。洞察によって相手の嘘がわかったとしても、べつに不信感をいだく必要はないのです。起こっていることに気づき、あなた自身を信頼しているなら、愛と光の流れを一瞬たりとも止めないでください。そして、たとえ疑ったり不適切な反応をしても自分を責めないでください。責める代わりにそれに気づき、解き放って、できるだけ早くあなたの高次の真実に立ち戻りましょう。

自分の感情に働きかける必要を感じたときは、ガイドに助けを求めましょう。それはとても有効な手立てです。感情が生じると身を固くする人がいますが、それはその感情を相手に投げつけたくないからです。ところが実際には固くなって萎縮すると、相手を自分のほうに引きつけてしまうのです。あなたが誰かにエネルギーを向けながらその感情を押さえこもうとしたとたん、霊的なレベルで相手を自分のほうに引っ張ることになります。高次元に解放されない想念は、サイキックコードとなって相手につながってしまいます。ですから、低いエネルギーの感情や考えは押さえつけずに、チャクラを通してエネルギーを変容させなければなりません。そのような感情や考えは、あなたにとっても人々にとっても安全な方法で変容させる必要があるのです。

エネルギーを変容させるには、たとえば「私は怒りを感じている。でもこれは私の真実ではない」とただ気づくだけでいいのです。そして虹色の炎で自分自身を包みましょう。あるいは聖ジャーメインにすみれ色の炎で包んでもらってもいいし、大天使ミカエルに真実の剣で空間を守ってくれるようお願いしてもいいでしょう。どんなマスターや大天使に協力を依頼するときも、その場に招き入れて、怒りや低次元の想念を手放したいこと、そして誰も傷つけたくないことをはっきり伝えてください。

自分ですぐ手放して愛に変容させられるような一時的な思いであれば、あえてガイドを呼ぶ必要はありませんが、何度もくり返し浮上してくるようなしつこい感情や想念についてはぜひガイドに助けを求めましょう。シャボン玉のように光でくるんでもらい、エネルギーがあなたのチャクラをとおして変容され、安全に解放されるように願ってください。それらはあなたの真実ではありません。抑圧して光を曇らせることはあなたも望まないでしょう。押さえこんでいると自分を損ない、誰かを損なうことになってしまいます。エネルギーを動かしてあげましょう。

私たちにはつねに選択があります。反応している最中でも、それを自分の真実にしないことを選択できます。それは単に反応にすぎず、自分が観照者になるという選択によって反応は変容していくのです。観察や見つめることは、スピリチュアルな探求のもっとも基本的なツールです。ニューエイジのコミュニティにおいて観察はあまり用いられません。そうした教えを説いた本があまり読まれていないのです。

私たちはみずから率先して、自分の感情に流されることなく向き合うという選択ができます。スピリチュアルな道のある時点で、自己耽溺によって探求のすべてが偽善的なものになってしまうときがあります。あなたが一瞬一瞬、心から正しいと感じるとおりに生きることが聖なる意志にゆだねることなのです。もしそこであなたの批判的なエネルギーが相手に飛んでいったのを知ったら、すぐにそれを取り消す必要があります。自分の正しさを証明したい、そうすれば相手が間違っていると証明できるからという考えはネガティブなエゴのたくらみです。そこにどれだけ強い吸引力や、どれほど正当な理由があったとしてもです。そんなときは代わりに深くゆっくりと呼吸して、そのエネルギーを自分自身で解き放ちましょう。

なかには、正直でいるためには自分が感じたことをすべて表現すべきだと信じている人々もいます。けれども怒りを感じる相手にそのまま怒りを表現することは、一種の虐待行為です。少なくとも相手を攻撃することなくきちんと責任をもった表現で伝えるのでないかぎり、またもや低次のエゴに主導権を渡してしまうことになります。

このストレスに満ちた社会をどう生きていけばいいのでしょう？　私の場合はインターネットで何かを検索していて、無力感やコントロール不能という思いにおそわれることがあります。そんなときは座って息巻いたり天を呪ったりする代わりに、その思いに働きかけることを選びます。特定の個人に向けたものでなくとも、それは地球の大気に負のエネルギーを放ってしまいます。私は地球を汚染する製品を使いたくないし、地球を汚染する思いも送りたくありません。ですからそうしないことを選択しています。それでもまだこういうことは起こります。あまり深刻にならず笑い飛ばしてもいいのでしょうが、真面目に考えるとそんなに軽くは扱えません。萎縮する深刻さとは違う冷静な真面目さは、スピリチュアルな道でそのときどきに自分の真実を生きるために何を選ぶべきかを示してくれます。「私が怒ったって、どうせ誰にもわからないんだから関係ないわ」とはいきません。たとえ月にいようと、あなたの怒りはちゃんと相手にとどくのです。

誰かが何らかのエネルギーで近づいてきたら、私たちは自然な反応としてその人の波動に合わせるでしょう。そしてその人が負のエネルギーをぶつけてきたら、ほとんどの人は自然に防衛的な反応をするでしょう。防衛反応とは攻撃にあわせて自分のエネルギーを収縮させることです。では防衛する代わりに、ただそのままの自分でいつづけ、何も証明しようとしなかったら？　私が学んだのは、誰かが私を批判したり攻撃してきたとき、その人をスピリチュアルな道の途上にいる人として慈しみの目で見るということです。その人はまだ疑いの中にいて、人が何か間違いや馬鹿げたことをしでかすのを待ちかまえているのです。ずっと以前にキリストが教えてくれたことがあります。それは、「なぜあなたは怒る必要があるのですか？　どうして私があなたに意図的に間違ったことをしたと決めてかかるのでしょう？」と相手に問いかけることです。

『聖なる予言』という本の中にこんな場面があります。予言を探して旅をしている二人の男女が、ガソリンスタンドで店員から怒りをぶつけられました。男性が防衛的になってやり返すと、いっそう店員の怒りはエスカレートするばかりです。そこへ女性が割って入り、その店員に「なぜ今、あなたは私たちにそんなに怒らなければならないのですか？」とたずねました。それはまったく無垢なところから発された質問だったので、店員は怒るのをやめて考えはじめたのです。

誰かが非難や攻撃などのエネルギーを向けてきたときに、防衛的にならず、愛の中心から向き合うことができるでしょうか。ただそのままの自分で応じるとしたら？　負のエネルギーを向けられたときに責任をもった対応をするには、立ち止まり、深呼吸してからこう言います。「あなたは答えを知りたいのですか？　それとも私を怒鳴りたいのですか？」と。おそらくこの言葉は攻撃モードになっている人をさらに憤慨させるでしょう。でも今までそんなふうに考えたことがなかったため、ふと自分のふるまいを振り返るかもしれません。もしその人が「答えを知りたい」と言い、そしてあなたが自分の中心から答えられるときにはそうしてください。中心から答えられないときは、「待って、私はいま言われたことでちょっと防衛的になっているので、もう少し落ちついてから答えます」と言いましょう。こうしてあなたが負のエネルギーと関わらなければどうなるでしょうか。コミュニケーションがエゴレベルの波動に入っていくのに気づいたとき、その会話を打ち切るという選択ができるとしたら？　あなたには打破できるのです。

何かがうまくいかないとき、それは誰かのせいで、それに対抗するには同じエネルギーを返さなければならないと私たちはこの世界で教えられてきました。やられたら、それと同じエネルギーでやり返すというものです。まるで殴り合いの喧嘩です。2頭の牛がツノを突き合わせているのと同じです。たとえ相手が攻撃してきたから正当防衛だと言っても、やはり2頭の牛と変わりありません。なぜなら防衛とは暴力のエネルギーだからです。

私のいう〝防衛〟の意味がわかるでしょうか。それは糾弾で応じるということです。つまり自分の無実を証明するために、誰かを悪者にしようとすることです。これは逆襲です。そのとき、まさに自分自身が反応している対象そのものになってしまうのですが、相手が先に

『聖なる予言』The Celestine Prophecy

アモラは新しいあり方、今までにない感情の扱い方について、小説『聖なる予言』（角川書店）の一シーンにスポットをあてて述べている。

この本は米国で1993年に出版され、さらに2006年には映画化された。著者のジェームズ・レッドフィールドは一連のシンクロニシティに触発されてこの本を書いた。執筆の導きを受けとったエネルギースポットも、たまたまアリゾナ州セドナ周辺で峡谷を飛んでいるカラスのあとをついていって発見したという。彼はこの本を自費出版し、その後1994年にワーナーブックスが版権を買い取り、本は世界的ベストセラーとなった。

ガソリンスタンドの場面は違うあり方の学びを描いているが、これをジェームズ・レッドフィールドは「無意識のエネルギー操作は、それに気づいて意識化された瞬間に消えてしまう」と書いている。目に見えないエネルギー操作のほとんどはあまりにも日常化されているため、自分でそれをしていることさえ気づかない。

映画のはじめのほうで主人公ジョンはペルーの山地にあるリトリートにやってきて、そこで働くサラという女性に庭を案内される。彼はベンチに美しい少女が座っているのを見て、近寄って話しかけようとする。だがその少女マージョリーはとても敏感で、さっと心を閉ざして立ち去ってしまう。いったいどうしたのかとジョンがサラにたずねると、彼女は微笑んで、見たものを話してくれた。ジョンはマージョリーを典型的な男性のやり方でエネルギー的に支配しようとしたのだという。映画ではこのシーンで、特撮によって人物のあいだのオーラのようなエネルギーの流れが表現される。だがジョンは、自分はただ話をしたかっただけだと反論する。彼は通常の意識状態にいて、まだエネルギーレベルでの現実には気づいていなかったのだ。

アモラは「ただそのままの自分で応じるとしたら？」と問う。物語が展開するにつれ、まさにジョンはそのように行動することを学んでいく。

（ステファン・ミューアズ）

仕掛けてきたからと自分を正当化します。スピリチュアルな道を生きるなら、人生のあらゆる瞬間がその道の一部だということを忘れないよう、私たちはたがいに助けあう必要があるでしょう。瞑想に一日10分かけるか1時間かけるかといった問題ではありません。スピリチュアルな道とは、単に瞑想やワークショップやサットサン※の時間だけではないのです。真のスピリチュアルな道は現実の人生の中にあります。それは、一瞬一瞬を自分が正しいと感じるとおりに生きることなのです。

何かがうまくいかないとき、
それは誰かのせいだと
私たちはこの世界で教えられてきました。

多様性の融和というテーマについてもうひとつ重要なのは、この世界はそれぞれ異なったルールをもつ数多くの文化で構成されているということです。これまで私は世界各地の人々と、そして国内でもさまざまな州の人々とワークをしてきました。ミシシッピ州からカリフォルニア州に行くだけでさえ、異国をいくつもまたぐほどの違いがあります。私たちの文化的

※編者註　サットサンとはサンスクリット語で「真実の中に座る」という意味で、悟りのために瞑想や探求を行う集いの場をさす。

背景は一人ひとり、かなり独特のものです。誰もが自分たちを中心にした世界で生まれ育ったために、その文化を当然のことと見なしています。ときには、別の文化に属する人々の生き方の基準がまったく不可解に思える場合もあります。

私自身の体験をお話ししましょう。異国から来たある女性のワークをしたときのことです。その女性の結婚生活はとても屈辱的なものでした。夫がスピリチュアルな活動に反対だったため、夫に隠れてワークをしていたのです。私はある時点で、彼女自身の生き方が問題をつくりだしているとすればセッションをするのは難しいと思う、と告げました。そして私は自分がこう考えていることに気がつきました――少なくとも夫自身が変わりたいと望まないかぎり、彼女は離婚すべきだと。しかし彼女から返ってきた答えは、彼女の生まれ育った文化では人々は離婚せずに一生結婚を続けるというものでした。

エゴやコントロールドラマの場からは立ち去るという私のスピリチュアルな考え方は、何があっても結婚は生涯つづけるべきという彼女の考え方と真反対でした。私は彼女の現実を尊重する必要があり、今の結婚生活が彼女を抑圧していることを理解させようとしてはいけないのだと気がつきました。彼女のワークをするなら、私ではなくて彼女自身が考えるスピリチュアルな必要性を理解しなければなりませんでした。

この世のヒーラーや指導者であれば、みな一定の知識や理解を身につけています。それはスピリチュアルな探求や書物や、人々のワークをとおして培われたものです。『ブラザー・サン シスター・ムーン』という映画の中で、聖フランチェスコが憶測の罪について語るシーンがあります。自分たちを排斥しようとする一味によって仲間の一人が殺されたことを知ったとき、聖フランチェスコはどうしてそうなってしまったのかと悩み、教皇に答えを求めて巡礼の旅に出ます。彼は自分に「思い上がりという間違いをおかしたのだろうか？」と問います。この〝憶測の罪〟には誰もがみな手を染めていると私は思います。つまり、その人にとって何がいいかは、本人より自分のほうがよく知っていると決めてかかってしまうのです。私は長年ヒーラーとして活動しながら、この問題を何層もくぐり抜けてきました。

私は自分の見方を人に押しつけるようなヒーリングセッションはしないと、ずっと以前に決めていました。私がそこにいるのは、その人の高次の目的を後押しするためです。そのためならセッションの形も変えます。前は質問にも答えましたが、今はそれもしていません。セッションのはじめに、その人のハイアーセルフに人生の目的をとげるために何をサポートすればいいかをたずね、そこに焦点を合わせます。私の透視で見えることよりも、そちらを基本にしています。なぜなら見えたものが合っているとは限らないし、本人にそれを癒す準備ができていない、あるいはそこを変えたくないという場合もあるからです。多次元空間に関わるヒーラーとして人の現実に大きな影響力を持っている以上、ほんとうに正しいことを正確に伝えたいのです。

映画『ブラザー・サン シスター・ムーン』

Brother Sun, Sister Moon

フランコ・ゼフィレッリ監督のこの映画（1972年）は、アッシジの聖フランチェスコ（1181―1226年）の人生を描いたもので、古典的な題材と青春映画の要素をあわせ持つ作品だ。

フランチェスコはイエスを幻視して清貧の思想にもとづく教会を設立する。これがのちのフランシスコ会である。フランチェスコは説教と幻視によって多くの人々の心を動かした結果、アモラが述べているような出来事が起こった。仲間の一人が殺され、フランチェスコは自分を責めた。自分が知ったことを人々に広めようとすることは誤りだったのか、皆にとってもそれがよいことだという考えは自分の思い上がりだったのかと、彼は思い悩む。

映画のクライマックスはフランチェスコがローマ教皇に謁見を許される場面だ。驚いたことに、最後に教皇はフランチェスコの謙虚さと、異端ともいえるその信仰心を認めてしまう。フランチェスコは、神の求めを知っているというのは自分の思い上がりで間違っていたのだろうかとたずねる。教皇は答える。「間違いは赦されるであろう。私たちは原罪にとらわれすぎて、生まれたときの無垢な心をしばしば忘れてしまう。あなたはそうなりませんように」

（ステファン・ミューアズ）

ぜひ心に銘記しておいてほしいことがあります。「私はこの人が何をしているか知っている、この人がどんな人かよくわかっている」、「彼らがどうして怪しいのか、なぜ彼らを疑っているのか、その理由を私は知っている」、「あの人が立ち直るには何をすればいいか、私にはわかる」と思うとき、私たちはまさにエゴの欺瞞《ぎまん》を生きています。それがどんなに〝正しく〟思えたとしても。

多様性の融和を崩壊させるいちばん大きなものは人間関係です。皮肉なことですが、人間関係こそ、多様性の融和を学ぶ場なのです。誰かと親密な関係にあるとき、特に恋愛関係や深い友情で結ばれているとき、私たちは相手の自由意志を尊重しながら愛することを学ばなくてはなりません。人を愛するには、相手を十分に敬い、自分が相手におよぼす影響を気にかける必要があります。そして自分の人生の満足のために相手を理想どおりに変えようとしてはいけないということも学ばなければなりません。

人はたいてい、愛について自分なりの期待をいだいて誰かと親密な関係になります。そして相手が期待どおりにふるまわなければ、自分は愛されていないと考えます。誰もがたくさんの期待をもっています。それらの期待は、自分が誰で、どんな生育歴や文化的背景を持っているかにもとづいて形成されたものです。あなたのパートナーがすることは、あなたとはまるで違う文化的背景や生い立ち、異なった人生の目標や期待からやって来ているかもしれません。その人にとってそれは絶対的に正しいことなのです。究極的にその人のためにならないことであろうと、今のその人にとっては正しいのです。そうでなければ、現にそのようにふるまってはいないでしょう。その人はそこから学ぶ必要があるのです。

現時点の理解や進化成長のレベルを超えて行動できる人はいません。誰かがあなたにとって好ましくないふるまい方をしても、それはその人の成長の道で今の課題に取り組んでいることを示しているのです。その人が間違っているとか悪いということではありません。ただその人が今いるところを示しているだけです。もし誰かがあなたに嘘をついたとしても、それはあなたに向けられたものではありません。彼らは自分の道にいて、そこからそうしただけなのです。理解すべきことはそれだけで、ほかはいっさい必要ありません。相手の嘘をあなたが個人的にとれば、真実のポイントを見失うでしょう。

あなたが誰かに興味を感じていて、その人があなたに嘘をついたり、こっそり何かを盗みとったり、かげであなたの悪口を言ったりしても、それを個人的にとらないことが大切です。個人的にとることは、聖なる愛や聖なる信頼、多様性の融和、聖なる意志へのゆだねから引き離そうとするエゴの反応なのです。聖なる意志にゆだねるとき、あなたは見守り、向き合い、愛にもとづいて選択します。愛を止めてはいけません。どの人もみな究極的には完璧な存在であり、最後には必要なことをすべて学ぶのだと信頼してください。もし誰かが今の時点であなたの真実を受けとれないなら、洞察をもって向き合うことがあなたの責任です。

この世界では磁石のように引き寄せが起こります。そういうとき私たちは、この人こそ待っていた人だとか、ついに運命の人に出会ったとか、今までで最高の親友だなどと思いたがります。そして相手が自分の思いに反することをしたとたん、猛烈に憤慨するのです。では実際にその人に対してあなたが期待するものを伝え、相手がそれに応えたいと思っているかどうか、たずねたことはあるでしょうか。

たとえば、立ち止まってこう言ったことはあるでしょうか。「おたがいのプライバシーはほかの人に口外しないと約束しない？　あなたとは何でも話せる関係でいたいし、個人的な問題を誰かの思惑で判断されたくないの。私たちのことはあなたと二人で話し合いたいわ。あなたはどう思う？」と。相手が同意すれば、そこに一定の信頼が生まれます。そしてもしその人が誰かにあなたの秘密を話したり陰口を言ったら、その後そういうことは話さないようにしましょう。いたってシンプルです。その人は信頼を得ようとしても、今はできないことが明らかです。つまりまだそこまで成長していないのですから、あなたの人生の核にふれるような大切なことは言わなければいいのです。そうして試行錯誤するうちに関係が自然に進化していけば、たぶん少しずつ信頼がはぐくまれていくでしょう。

人は過去世の影響から引き寄せあうこともあります。でも、「ええ、覚えてるわ。私たち、バリ島で一緒にアセンションしたのよね」といきなり言ったとしたら、それは突っ走りすぎです。知りあって1時間もしないうちに信頼も愛もセックスも全部ごっちゃになってしまうでしょう。あるいは、「これは運命の出会いに違いないわ。私たちは出会うべくして出会ったのよ。だってあなたを感じたとたん、すべてのチャクラがつながったんですもの」と言いたくなるかもしれませんが、残念ながらこれも真実ではありません。むしろそれは乱暴なまでのニューエイジ的幻惑です。きっと誰でも覚えがあるでしょう。私はそのことを身をもって学びました。もう何度も何度もくり返し学び、本当にいばらの道でした。どれほど私が愚直に生身のままで関係に飛び込み、そのたび深く傷ついて終わったかは話せばきりがありません。でも結局のところ、私を傷つけたのは私自身だったのです。

私たちはもう少し、自分の人生にみずから責任をとれるように成長する必要があります。多くの人は、「もし私をほんとうに愛していたら、こんなことをするはずがない」と相手に対して決めこみます。でもその人は本当はあなたを心から愛しているけれど、ある性癖や傾向からまだ脱皮できないだけなのかもしれません。すぐに相手を信じて裏切られたと非難するまえに、まずはそれを知る必要があるでしょう。

多様性の融和を生きたければ、どのような人に対しても、人間としての基本的な敬意を払わなくてはなりません。そうすれば、その人があなたにすると言ったこと以外には何も期待しないでしょう。また、その人に求められないかぎりアドバイスや助言はしないでしょう。たとえばアルコール依存症の人に対しても、その人が「助けてほしい」と言ったときだけ私たちは介入することができます。その人が「放っておいて」と言ったら干渉しないようにします。そして、こんなふうに伝えておくといいでしょう。「あなたは大切な人だし、あなたの健康が気になるの。もし何か私にできることがあったら、そのときはいつでも言ってね。よろこんで力になるわ」と。

しばしばニューエイジの世界では、人がどこからやって来たかを知ると、それを本人に言うべきだと考えられているようです。その人が聞きたいかどうかにおかまいなく話し、今の状況をいろいろ聞き出そうとします。そしてあとになって、その人の言動に関してあれこれ言いはじめます。「きのう一緒にいたとき、あなたはこう言ったでしょう。あのときあなたは本当は私に対して怒っているのに、正直になろうとしていないように感じたの。私たちはもっと親しいと思っていたけど、あなたのことがよくわからなくなってきたわ」。これが責任ある会話の典型のように見なされているのです。

私の考える責任ある会話とは、次のようなものです。はじめに「あなたと少し話したいことがあるんだけど、今、かまわない？」と聞いて、オーケーだったら、「きのう話したことを覚えている？　あなたがこう言ったとき、本当はどう感じていたのか、よかったら聞かせてくれない？」と言って返事を待ちます。相手がためらったり、よく思い出せないようだったら、「私の感じたことを話してもいい？」と確かめて話しはじめます。「あなたが何かに怒っていて、でもそれを言わないでいるように見えたの。本当はどうだったのかしら？　もしそうなら、何に怒っていたのか聞かせてくれない？　私たちのあいだにわだかまりを残したくないの」。そして相手が自分のことを打ち明けてくれたら、最後に「話してくれてありがとう」と言いましょう。あなたの言いたいことを言う前に、相手が正直に話してくれたことに感謝してください。あなたがもやもやした気分だったり、自分の考えがよくわからないときは、またあとで話をしたいと提案しましょう。

頼まれもしないのに人をリーディングするのはやめましょう。それこそ侵害です。たとえば、人の過去世や魂の故郷がわかると感じるのは、その人の以前の話や行動がもとになっていることも多いのです。それがあなたに過去の何かを思い出させ、あなたのみぞおちのチャクラが萎縮して攻撃されたかのように感じたのかもしれません。けっきょくそれは、昔あなたが母親に怒られて、そのとき良い子でいようとして第三のチャクラにためこんでいた怒りが今よみがえったという可能性もあります。ですから、相手の問題とはかぎらないのです。その人が真剣にあなたに何の怒りも感じていないと言ったのなら、それを真実だと認める必要があります。そして相手の問題を指摘するまえに、自分自身の課題にとりくみましょう。

あなたが光を放っていて、人のすることに反応しなければ、誰もあなたを傷つけることはできません。私たちは人から期待どおりの反応が返ってこないことに反応して傷つくのです。それは萎縮してしまうからです。何かに対して縮こまった瞬間、それを引き寄せてしまうことになります。話している相手が攻撃／防衛モードから降りられない、あるいは降りようとしないと感じたら、会話を続けるかどうかはあなたの責任です。攻撃／防衛モードにいる人はエゴの声しか耳に入りません。その人は故郷にはいないのです。そんなときは無理に話さないようにしましょう。

あなたが愛する人と会話をしたくて耳をかたむけようとしているのに、相手が攻撃／防衛モードで反応を返してきたら、アプローチを変えましょう。相手を怒らせたくないこと、そして敬意をもって話し合いたいと思っていることを伝えます。もしこれに対しても攻撃が返ってきたら、あとで話ができるかどうか聞いてみましょう。ネガティブなエゴに燃料をそそぎたいでしょうか？　その状態で関わりつづけることは、何をどう話したところで相手の偽りの自己を支えることになってしまいます。それは何の役にも立ちません。

私の体験を例にあげましょう。そのとき私は電話でパートナーの男性と話しながら、彼の防衛を解く手立てをさぐろうとしていました。私はそんな自分に気づいて、こう言いました。「あなたが愛の場所から私と話す準備ができたら、そして一緒にこれを乗り越えるために支えあう気持ちになれたら、そのときにまたつづきを話しましょう。いま話しても、おたがいのためにならないわ」と言って、「おやすみなさい」と静かに電話を切りました。彼が現実に向き合おうとしないからといって、怒って受話器をたたきつけたりはしませんでした。ただ自分の真実を話し、そこから離れたのです。なぜなら私が相手にしていたのは、保身や攻撃モードのエゴだったからです。どこにも真実の入る隙間はありませんでした。

自分の正しさを主張するのでなく、自分の真実から生きたいと願うなら、相手にあなたをひらきましょう。あなたの話を人に聞かせようと頑張ることは問題をさらに難しくします。もっと相手が自分の言葉に耳を貸すべきだとこだわっていると、その執着で相手のエネルギーを自分に引っぱり込むことになります。べつに相手があなたの身体にサイキックコードを差し込んでいるわけではなく、あなたが相手のエネルギーを引きつけているのです。あなたのオーラが執着も決めつけもない慈愛の光を放っていれば、負のエネルギーははじき返されます。あなたの光が外に広がって放たれているとき、怒っている人は近づけないのです。

自分だけでは難しいと感じたら、すぐにガイドに助けを求めましょう。まずあなたのオーラから相手のエネルギーを外に出します。そしてあなたのオーラを大きなシャボン玉のような光で包みこみ、光を強めてくれるようガイドに手助けしてもらいましょう。光が放たれていないと感じるときは相手と関わらないようにして、今は話ができないのであとでまた話したいと伝えてください。あなたと話し合いたいかどうか聞いてもいいでしょう。相手が望まないなら、それ以上は話さないようにします。

私たちは話すことに執着します。人に話を聞いてほしいのです。自分が間違っていないとわかってもらうことに強いこだわりがあるからです。その執着はエネルギーのフックのように相手にとりつき、そこからその人の感じていることがすべて流れ込んでくるようになります。誰かの感情の波におそわれたくなかったら、妄想や執着を手放しましょう。それはほんとうに鍵なのです。

こうした感情を手放すための手法はたくさんあります。落ちついてすわり、怒りや憎しみの気持ちを書きだし、相手の前で読み上げているところをイメージするのもいいでしょう。そのようなワークでは、あらかじめ周囲の空間を浄化しておく必要があります。その方法のひとつを次にあげておきましょう。

❖浄化した環境で感情を手放す

1　聖ジャーメインにお願いして、あなたがいる部屋をすみれ色の炎で満たして周囲から閉ざしてもらいましょう。

2　大天使ミカエルに、その部屋を真実の剣で封印し、あなたのまわりを大きなシャボン玉のような光で取りかこんでくれるよう依頼します。これによって相手にも自分にもエネルギー的な害をおよぼすことなく、あなたの身体の中にある負の感情を動かすことができます。

3　あなたが感じるやり方で怒りや憎しみの感情を表に出してください。ここでは相手をたたいたり怒ったり叫んだりしても大丈夫です。ここですることは誰も傷つけません。そのあいだ、自分がこれをとおして真実に向かっていることを意識にとめておきましょう。

＊　＊　＊

人々がつねに怒りや不信に引きもどされてしまうのは、感情を解放するだけで、その感情の奥にある心のあり方が変わらないからだと思います。感情のワークで枕をたたいたり泣いたりしたあとは、とても気分がすっきりするかもしれません。ところが一週間たって誰かに同じ問題を刺激されると、またもや同じくらい感情の浄化が必要になってしまうのです。それは自分の反応を生み出す原因である思考がなにも変わっていないからです。

その思考を自分で素早くキャッチできるようになればなるほど、反応を防ぐポイントがわかってきます。そうすると自然に自分の傾向が変化して、心のあり方が変容し、ついにはそうした反応が起きないようになります。いつもいつも自分をチェックして思考を見張っていなければならないという意味ではありません。細かく自分を点検して分析するということでもありません。ただ自分の否定的な考えや、好ましくない心のあり方に気づいたら、向き合って解消し、またふだんの生活をつづければいいのです。一日中すわって自分を見つめたりする必要はありません。

このことは別の問題にも通じます。サイキックな世界を感じる人は、誰が誰に対して何を考えているか、たえず気になってしまいがちです。人の考えにとらわれてしまうというよりは、むしろ自分で自分をアストラル界にしばりつけてしまうのです。そんなときは、できるだけすみやかに簡潔に明確に、そしてまっすぐに十分それと向き合ってください。そのあとはきれいさっぱり忘れてしまいましょう。もし自分がまた同じことを考えているのに気づいたら、真実の剣を用いてください。

私も、ふと気がつくと2カ月も前に自分の感情を傷つけた人について考えていたりすることがあります。赦しのワークをして解消したにもかかわらず、まだ何かが引っかかって、いつのまにか心の中で自問自答しているのです。そんなとき、私は真実の剣でそれをスパッと断ち切ります。そして「私はもうこれを気にする必要はありません」と宣言し、日常にもどることにしています。それでもくり返し浮上してくるようなら、そのときは何かしらもっと深いレベルに原因があるということなので、別に時間をとってとりくみます。

でも要約すれば、真実の剣で断ち切って、あとは気にするのをやめて日常にもどるのがベストでしょう。自分のすべての感情を見ようとして生真面目になりすぎるのは賢い選択とはいえません。なぜなら、私たちがここにいるのは聖なるスピリットを身体の中で表現するためなのですから。どうかそのことを忘れないでください。癒しや浄化にとらわれすぎて疑心暗鬼になってしまったら、かならず立ち止まり、深く呼吸して頭をからっぽにし、しばらく静かな時間を過ごしましょう。

真実の剣の代わりに、虹色の炎やすみれ色の炎のたいまつをイメージして用いるのもいいでしょう。もしネガティブな思いにとらわれたり、自分が防衛的になってしまった相手との会話が頭から離れないようなときは、手でたいまつを高く掲げて「もうこれを気にかける必要はありません」とくり返し唱えます。そして日常にもどりましょう。

あるいは、自分にこう話しかけてもいいでしょう。「あの人の言動で私の感情が傷ついたのは確かだけど、でもそれはあの人があの人自身にしたことで、私個人に対してなされたものではないということを私は知っている。ほかの人でもあの状況では同じように反応したかもしれない」。つまりそれを自分の問題にしないことを選択するのです。道の途上にいるその人を、ただそのまま愛し尊重するという選択です。誰かが自分の成長に責任をとろうとしないことを私は知っているという立場に、あなた自身を置かないようにしましょう。それが責任ある選択なのです。

その人に何かができないからといって、その責任を負わせようとはしないでください。また、その人がやると言った以上のことまで責任を押しつけるのもやめましょう。それは相手の間違いを待ちかまえ、「ほら、だから言ったとおりでしょう」と証明しようとする行為にほかならないからです。私たちの思考が創造するもののほか、世界は私たちに何もしていません。もしあなたが何度も何度も同じ目に遭って、それは自分で創造したものではないと主張するなら、こう自問してみてください。「なぜ何度もこれがくり返されるのだろう？　なぜ私は同じことが何回も起きる状況に自分を置いているのかしら？」と。同じ問題が起きる同じ状況にずっと自分をしばりつけておくのは、あなたの責任でやめましょう。

すべての思考、エネルギー、心のあり方にそれぞれの波動があります。その波動は似たような波動を探してつながろうとします。もしあなたが聖なる結婚を望むなら、聖なる結婚のエネルギーがあなたから発されていなければなりません。「いつまでもずっと深く愛しあえるパートナーなんていない。今の人もあまりしっくりこないわ」というエネルギーではとうてい無理なのです。その波動にいるかぎり、どんなに人生を肯定しようと、引き寄せるのは同じような体験になるでしょう。あなたの思考や反応を過去に支配させるのをやめて、過去を超えていきましょう。あなたのどこかが反応して萎縮するとしたら、それは必ずあなた自身の問題なのです。

子どものように無垢な生き方を学ぶときです。子どもは人生に起こることを驚きと好奇心の目で眺めます。未知のことに興味しんしんで、人がなにか変わったことをすると心から面白がるのです。「わあ、あの人のやり方は私とぜんぜん違う。どうして？」と不思議がり、相手に聞きに行きます。

子どもたちは〝違い〟を批判しません。観察して、そこから何かを学びとります。真の多様性の融和、つまりすべての人々や存在とのワンネスを生きるには、私たちも子どものような目で人生と関わることを学ばなくてはなりません。見てください、世界はほんとうに豊かな多様性に満ちています。どうぞそれを祝福してください。いついかなるときも、何が起ころうとも、あらゆる人、あらゆるものごとを愛するようになれるのです。そのとき私たちは多様性の融和を生きているでしょう。

13章　愛とワンネス

〈すべてなるもの〉のワンネスへの扉を開くもの、それは愛です。

自分のすべてを愛し、過去のあらゆる人々も体験も愛し、多次元の自己と結びつき、男女の完全な対等性に目覚め、人々をコントロールせずに愛するようになり、スピリットの完璧さを受け入れ、多様性の融和を生きる……そのとき、あなたはワンネスに還ります。

ワンネスは、無条件の愛を与え受けとることを体験をしたときに生まれます。あなたはワンネスの乗りものとなります。あなたがワンネスなのです。まさに原初の聖なる母と聖なる父がそうだったように、すべてを多次元的に見て体現し、その瞬間に溶けあうことでワンネスが起こります。

おたがいが融合して一体化し、ふたたび分かれて個別化し、それからまたワンネスに溶けていくというこのサイクルは、すべての存在の内側で動きをつかさどる鍵です。惑星や恒星の軌道も、銀河全体の動きも、このサイクルにもとづいています。そしてあなたの身体にも同じサイクルが内在しています。一つひとつの細胞はみな惑星のように周回パターンがあり、それは器官や組織や内分泌腺などによって共同創造されます。思考も、空《くう》の心も、この永遠の動きのサイクルを根源に宿し、あなたの身体そのものが宇宙全体と独自の関係で結ばれているのです。

あなたは〝存在〟という全体性において一つの細胞のようなものです。細胞が健康でなければ身体は健康になれません。たとえば身体の中で一つの細胞が病むと、そこから連鎖反応が始まって他の細胞にも影響がおよび、病気や機能不全へと進展する可能性があります。身体のどこかが固くなったり、萎縮したり、癌になったり、あるいは考えが頑固になったりするかもしれません。けれども身体にそなわる全体性は、すべての細胞をワンネスという健やかな時と場所に向かわせるよう促すでしょう。それと同じように、健やかな全体性が創造されるには私たち一人ひとりが不可欠なのです。あなたのあり方や思考がそれを創造していますす。ええ、あなたです！　すべての人が創造にたずさわっているのです。

私たちは考えたものを創造します。自分が貧しいと信じていれば貧しくなるでしょう。豊かだと信じていれば豊かな富を手にするでしょう。自分にはまだまだ多くの浄化や癒しが必要だと思うなら、それが現実になるでしょう。自分がすでにそこにいると心から信じていれば、もうそこにいるでしょう。このルールに例外はありません。

数年前、聖ジャーメインは誰でも心から求めているものを創造できると私に言いました。そしてそれを願うときは、つねに調和的な共同創造をとおしてつくりだされるよう明確に望みなさいと教えてくれました。そうすると、創造されたものはすべての人々や存在にとってよきものになります。すなわち、〈すべてなるもの〉もあなたも、ともに恵みを受けとるのです。自分の望みが〈すべてなるもの〉と調和しているかどうかわからないから控えめに願うという意味ではありません。すべてにとってよい現実がもたらされることを意図して願うだけでいいのです。

すべての人々がそのようなスペースから現実を創造すれば、目を見張ることになるでしょう。私たち一人ひとりがみな多様性の融和を生き、〈すべてなるもの〉と調和している現実を純粋に願ったなら、驚くべき結果がもたらされます。あなたが今どんな存在の場にいようと、そこからすべての人の健やかさと幸せを祈ることができるのです。

ワンネスは
無条件の愛を体験したときに生まれます。

あなたが内なる聖所に到達し、深い目覚めが起こったとき、ワンネスへの最後の扉が開かれます。そのとき、あらゆるものも人もみな全体の中の対等な存在であり、すべてが一つにつながっていることに気づくでしょう。私たちは全体の一つの細胞というだけでなく、それぞれが全体でもあり、かぎりなく深く結びついているのです。自分の考えやふるまいはすべての存在に影響します。

批判や否定をかかえていると、それは連鎖反応によって〈すべてなるもの〉に影響をおよぼすことになります。同じように、健やかさも〈すべてなるもの〉に影響をおよぼします。可能性を制限する信念があれば、人々の現実に制限をつくりだすでしょう。非難や憤り、裏切られた思いや許さない気持ちなどはどれも文字通り、戦争の継続に加担しています。ですから私たち一人ひとり、みずからの否定的な思いを変化させることが急務なのです。

そうした変化があなたの内側で十分に熟したとき、ワンネスは現れます。ほかの人が学びや成長や変化をなしとげても、なしとげていなくても、あなたはワンネスを経験するでしょう。存在の奥にはそれぞれの個性が原初の創造レベルのままで保たれています。ゆえにあなたの魂の本質は永遠なのです。ここまで話してきたような問題をすべて癒し終えたとき、それは実際にはつねに存在していた真の自己に戻る旅だったことに気づくでしょう。あなたは自分が誰なのかを忘れ、小さなエゴに自分を閉じこめていただけなのです。真の自己を完全にとりもどしたとき、あなたは〝存在〟に足を踏み入れるでしょう。そこにはあらゆる人やもののすべてが本質のレベルで存在しています。

あなたにとってこの現実が目を見張るほど素晴らしいものでないとしたら、あなたは単にまだ目覚めていないだけなのかもしれません。準備はいいですか？　あなたは自分がなれる最高の存在になりたいでしょうか。あらゆる人やものごとの最高の姿を見たいでしょうか。私たちはこの地球上に、平和な現実を見る必要があります。嘘つきに正直さが、殺人者に害のなさが見えるかもしれません。そのとき、私たちが断罪し、決めつけ、偏見をいだいてきたものはもはや存在しないでしょう。あなたのあり方、感情、思いこみが、あなたに一瞬一瞬の現実を新たに見せています。何が見えるかはあなた次第なのです。

あなただけが、あなたの宇宙のマスターです。あなたが何をして、どう生きるかはすべてあなた自身で選びとったものであり、ほかの誰でもありません。それぞれの人の癒されるべき問題が癒されて真の自己がよみがえるとき、そこに宇宙の法則が働きはじめます。あなたに自由意志があるというのが宇宙の法則です。あなたはすべてについて選択できるようになります。ガイドたちがあなたの自由意志に干渉することはありません。誰に介入されることもなく、あなたがマスターとしてどんな現実を生きるかを選ぶことができるのです。これもまた永遠の真実です。

グルや先生、人生のパートナーや友人、社長や上司など、誰かにパワーをあずけることも、あなたの自由意志で選択したことです。ゆえに別の選択をするだけで、あなたの経験は変わってしまいます。今は他者にパワーをあずけるときではありません。ふたたび意識的な運命の創造者に返り咲くときなのです。あなたは一なるものであり、あなたがマスターです。あなたの人生は、ほかの誰でもなく100パーセントあなた自身にかかっています。

マスターとして自分の現実の創造者であるための鍵は、愛です。すべての決意、すべての考え、すべての感情の根底に流れる愛がその扉を開けるのです。愛は存在の内なるエネルギーをもっとも深く癒し、はてしなく永遠に結びつけます。その愛をあますところなく与え受けとることが、あなたの本質に宿る究極のあり方です。それがあなたです。それがすべての存在における聖なる本質なのです。

この愛の全体性を体験するために、最後にあなたをワンネスの瞑想に案内しましょう。

❖ワンネスの瞑想

1 ハイアーセルフを招き入れ、この瞑想のあいだずっと一緒にいてくれるよう依頼してください。そしてハイアーセルフにこう言いましょう。「私は私の人生のマスターであり、宇宙の自由意志をもっていることを知っています」。

2 光のガイドたちを呼び入れます。アセンデッドマスター、あなたのスピリットガイド、光の天使や大天使、プレアデスやシリウスの光の使者たち、聖なる母と聖なる父、さらに〈すべてなるもの〉にも一緒にいてもらいましょう。

3 それらの光の存在たちにあなたを取りかこんでもらいます。そして、あふれるほどの愛で満たしてくれるよう求めましょう。横になって、その愛をできるかぎり深く満ち足りるまで受けとってください。

4 あなたからも光の存在たちに愛を返しましょう。できるだけたくさん送ってください。

5 そこにいるすべての存在に、あなたとともにワンネスに溶け込んでくれるよう依頼します。

リラックスして、できるかぎり深く溶けあいましょう。

6　ありとあらゆる人々の本質を結びつけている高次元の根源を呼び入れます。それから、宇宙すべての惑星や恒星や銀河を結びつけている、さらなる高次元の根源も呼び入れましょう。それらの根源とできるだけ十分に溶けあい、じっくりと浸ってください。

7　次に進む準備ができたら、そこにいるすべての光の存在や根源に言いましょう。「私はこれからもずっと、あなたがたみんなと一つです」。そして「私はみんなと私にとって最善のことがもたらされるように望みます。それはすべての人、すべてのことに恵みをもたらします」と伝えます。

8　全身の力を抜いてリラックスしましょう。あなたとそれらすべての存在が共同創造の調和の中でつながっているのを感じます。そしてすべての存在や根源が、あなたと同じ現実を望んでいることを知ってください。

9　〈すべてなるもの〉のワンネスのつながりが、これからもずっと保たれるようハイアーセルフに手助けを求めましょう。

10　何回か深く呼吸してから目をあけ、日常にもどります。

＊＊＊

この瞑想をできるだけひんぱんに実践してください。一回ごとにどんどん深まっていくでしょう。あなたの運命の主人はあなただけだということを、どうぞ忘れないでください。〈すべてなるもの〉と一つになり、あなたの全存在を一つにするワンネスこそ、あなたの聖なる運命です。あなたがワンネスなのです。

付記

アモラと私　アイリーン・ケリー
受講生たちの言葉

アモラと私

アイリーン・ケリー

この一文は、長年アモラと深い親交があったアイリーン・ケリーへのインタビューからまとめられたもの。（2014年、マウント・シャスタにて。聞き手／ゲイリー・ケンドル、ウラ・アンドレン）

出会い

はじめてアモラと私が出会ったのは1989年7月4日の「サイキック・フェア」の会場でした。アモラはそこでリーディングをしていました。私は愛する人を失ったばかりで、悲嘆に暮れた状態で彼女の前に座りました。するとアモラは「まあ！　私たち、話をする必要があるわ」と言いました。そしてその場でみごとに癒してくれたのです。そのあと彼女は、このシャスタの地で教室を開いているのだと言いました。私はさっそく申し込み、それから何年もかかってFSP（フルセンサリー・パーセプション）トレーニングの全コースを修了しました。当時は週末に一回クラスがあっただけで、1年かけても受講日数は1カ月分にしかならなかったのです。最初のクラスはとても打ち解けた雰囲気でした。私を含めて5人の生徒がアモラの家に集まり、おたがいにリーディングしあいました。たくさんの深い個人的な問題が癒しを求めて浮上してきたのも、それだけ安全な空間だったからでしょう。

私が受けたＰＬＩ（プレアデスの光のワーク集中コース）の最初のクラスは１９９８年で、29人の生徒がいました。感情のブロックがあった生徒もコースのあいだに解放されていきました。アモラをとおしてプレアデスの光の存在が働きかけることで、感覚機能が格段に拡張され、加速度的に癒されてしまうのです。２００４年には私もアモラから手伝いをたのまれるようになり、指を特定のポイントに置いて集中するだけで〝カー〟が流れていきました。

この当時、アモラと私はしょっちゅう自然の中で一緒に過ごし、彼女はよく歌を口ずさんでいました。歌はアモラにとって人生最大の楽しみでした。それが高じて自分で曲を作るようになり、のちのち音楽ＣＤまで録音することになったのです。

初期の旅

１９９６年、アモラは最初の本を執筆し、ふさわしい出版社を探していました。ガイダンスによってアモラはその原稿をバーバラ・ハンド・クロウの夫が経営するベア・アンド・カ

ギリシャのデルフィ神殿でのアモラ（1997年）

ンパニー社に送りました。バーバラは原稿を読んだとたん、これは自分がちょうど書き上げたばかりのプレアデスの本に関連する実践書だと気づきました。バーバラとアモラはすぐに意気投合し、二人でイギリス、スコットランド、エジプト、ギリシャ、インドネシアのバリ島と、世界中を旅して人々にワークを行い、彼女らの本を紹介したのです。アモラはその後も毎年、世界のパワースポットを旅してまわったので、各地から多くの人々がツアーを組んで、アモラ最愛のパワースポット、シャスタのミステリースクールに学びに来るようになりました。

アモラの本 *"The Pleiadian Workbook"*（のちに『プレアデス 覚醒への道』として邦訳）を読んでアモラとその教えに魅了された東京のケイコ・アナグチは、何度も長期のトレーニングを受けるためにシャスタまでやって来ました。二人は固い友情で結ばれ、やがて彼女は日本の受講生たちにもアモラのワークをじかに体験させようと、シャスタに連れてくるようになりました。アモラがはじめて日本を訪れたとき、アモラは当時の夫オマカユエル（ピーター・リース）とともにケイコの家に滞在しました。ところがアモラは体調をくずし、SARS（重症急性呼吸器症候群）にかかってしまったため、オーストラリアのオマカユエルの家で治療に専念することにしました。幸い無事回復しましたが、しばらくは危うい状態でした。

それから長いあいだアモラは日本に行くことをためらっていました。けれども健康状態がよくなり、ケイコとの信頼関係も深まるにつれて、彼女の希望に応えてたびたび日本を訪れ、多くの人々にワークを教えるようになりました。アモラは日本に教えを広めたいと願うケイコを支え、ついにドルフィンスターテンプル・ジャパンの開校が実現したのです。そのとき私はドルフィンスターテンプルの役員のひとりでした。シャスタの私たちは日本における独自のトレーニングプログラムを見て驚きましたが、アモラはいつでも自分が正しいと感じるとおりに行動していました。

黄金時代

はじめのうち、アモラはよく私の家にふらりとやって来ました。そのころが私にとってはいちばん懐かしい日々です。当時、私は人生で最愛の人を失った悲しみに深く沈んでいました。ある日の午後、玄関の扉を開けるとアモラが立っていました。そして「私に何かできることあるかしら?」と言うのです。彼女は家に入ると私のベッドに腰かけて何時間もエネルギーを通してくれました。なんとありがたかったことでしょう! 彼女は私が求めているものを感じとり、わざわざ家まで来てくれたのです。

ＰＬＩのクラスで、アモラは毎朝〝チェックイン〟をしました。29人の生徒たちを一人ひとり全員チェックするのは大変でした。朝10時から始めて午後2時になってもまだ終わりません。みんなそのあいだに大きなシフトが起こり、人生での優先事項が入れ替わってしまうのです。しばしばお金や成功などという表面的なものごとは重要ではなかったことに気づかされました。おかげでこの〝チェックイン〟の大切さがよくわかり、私は今でもクラスの開始時に毎日行うことを習慣にしています。他のすべてのワークと同じように、これは確実に受講生のプロセスを加速させるからです。

もともとアモラは、バークレー・サイキック・インスティテュートで訓練を受けた講師と一緒にワークをし、そのあと自分なりにＦＳＰを拡充していきました。するとプレアデスの存在たちから〝カー・ボディ〟を開くための情報を受けとるようになり、それがプレアデスの光のワーク集中コース(ＰＬＩ)やドルフィンムーブへと発展したのです。ＦＳＰとＰＬＩとドルフィンムーブは、１９９５年頃にはドルフィンスターテンプル・ミステリースクールの柱になっていました。その後まもなくアモラはカリフォルニア州に非営利団体の申請をし、ドルフィンスターテンプルを正式に設立しました。

〝カー〟の教えの体系はチャネリングで得られたもので、それがほぼそのままＰＬＩの骨格になっています。その情報はアモラが温泉につかって瞑想しているときにやって来はじめたそうです。自然は情報の流れを妨げるブロックを取りのぞいてくれるので、私たちは多くの時間を自然の中で過ごしました。あるとき一緒にガンブート湖へ行くと、ちょうど小さな花々がいっせいに開きはじめたところでした。花たちに誘われてその中に立った私たちは、まさにエクスタシーの波に襲われました。花々がほんとうに〝生きて〟いるのを実感したのです。そのまま二人で何時間も至福につつまれて立ちつくしていました。このころはアモラにとって、もっとも素晴らしい黄金の時代だったでしょう。

アモラは当初からずっと電話によるリーディングに応じ、いつも予約でいっぱいでした。日本に行くようになってからは、日本のグループからの電話セッションも始めました。

アモラの若いころ

アモラは5人きょうだいの一番上でした。実の父（義父でなく）はどうやら精神的に健康ではなかったようです。アモラはベビーベッドで首を絞められそうになった時のことを話してくれました。彼女の身体にその記憶が残っていたのです。でも祖母とはとても仲良しで、ベントンおばあちゃんは生地からすべて手づくりでパンやケーキを焼くことを彼女に教えました。アモラは生涯パンづくりを愛し、よく私たちにも教えてくれたものです。

アモラの義父はバプテスト教会のきわめて厳格で原理的な説教師でした。彼女は義父の説教を聞き、「すべての人を愛しなさい、人はみな平等です」といった言葉を耳にしながら育ったそうです。ところが、アモラが大学で黒人のボーイフレンドや友人たちとつき合っていることを知ると、両親は猛反対し、それ以降、親子間の溝は最後まで埋まることはなかったようです。

大学生のとき、アモラは大病にかかり、療養のためにしばらく帰省しました。そして何カ月間もホリスティックな療法をいろいろと試した結果、環境アレルギーがあることがわかったのです。これはアモラの人生にずっとつきまとう大きな問題となりました。

大学を卒業するとすぐ、アモラは知的障害をもつ子どもたちを面倒みる寮母として就職しました。このとき、子どもたちと一緒に過ごした体験によって大きくハートが開かれたのだと彼女は語っていました。

１９８０年代、アモラはオレゴン州にあったＯＳＨＯ（バグワン・シュリ・ラジニーシ）のラジニーシプーラムで過ごした時期がありました。それはまだ彼女がサンフランシスコのベイエリアでサイキックヒーリングを学ぶ前のことで、シャスタに来るよりもずっと昔の話です。そのコミューンで知り合いになった多くの人が、アモラを訪ねてシャスタまでやって来ました。私の知るかぎり、ＯＳＨＯのコミューンが１９８５年に崩壊する前にアモラはそこを去っています。

ＦＴＰのクラスを始めてまもない頃、とつぜんＯＳＨＯが教室に現れたことがありました。そのとき私たちは彼の変遷について何も知らなかったのですが、アモラはすぐ彼に気づきました。彼女は教室にはグルを入れない方針だったので、「ここに入られては困ります。どうか部屋の外に出てください」と言い、ＯＳＨＯは去りました。私たちにとっては印象に残る出来事でした。そこからアモラはグルについて話しはじめ、グルがどのように人の自由意志を奪うかという彼女の見解を語りました。過去の経験から、グルという存在は受け入れがたかったのでしょう。ＯＳＨＯは弟子たちに影響力をふるい、本人の望まないことを押しつけているとアモラは感じたようです。そして、グルにつくことはいともたやすく奴隷になってしまうことだと私たちに忠告しました。

名声

アモラ自身、その並はずれた能力のために諦めなければならないものがあるということをよく知っていました。有名になったからといって、すべてが手に入るわけではありません。アモラの名前が知れ渡りはじめたころ、シャスタのスピリチュアルなコミュニティでは嫉妬の渦が巻き起こりました。本がベストセラーになったり、世界中から生徒が集まってくるなどということは、それ以前にはなかったのです。ある女性はアモラの教え子たちを相手にレンタル・ルームを営んでいながら、アモラのワークはキリストの道から外れているなどと、みんなに言っていたのです。私はひどく憤慨してアモラに話したのですが、彼女は顔色ひとつ変えず、「誰でも自分の意見をもつ権利はあるのよ」と言っただけでした。

彼女は境界をつくるということをずいぶん学ばなくてはなりませんでした。みんなとドライブに出かけるのが大好きなのに、一緒に行くとひっきりなしに「これ見える?」とか「あれはどういうこと?」などと質問されて、休まる暇がなかったようです。アモラがよく私と散策に出歩いたのは、それがなかったからでもあるでしょう。私は幼い時分からサイキックだったので、境界については自分で学んでいました。アモラと私はおたがいのスペースを侵害することなく、ただ静かに一緒にいられたのです。私たちが長年友達でいられたのも、そのことが大きかったにちがいありません。私は彼女を持ち上げたり、へりくだったりすることはありませんでした。アモラに特別な人であることを求めなかったので、彼女も素のままでいられたのではないかと思います。

講師と受講生の関係

アモラはプラクティショナーや講師を育てることを心から愛し、それを使命だと感じていました。プラクティショナーのための倫理綱領を考案し、指導用教材もつねに改良を重ねていました。

多くの講師たちはＤＳＴ（ドルフィンスターテンプル）のウェブサイトを通じて受講生やクライアントを募ります。アモラの考えは「自分に縁のある人がやって来る」というものでした。私たちはみなウェブサイトのプラクティショナーリストに載っているので、人々はそれを見て自分に合ったプラクティショナーを見つけることができます。もし誰かが別の講師やプラクティショナーのところに移ったとしても、そこに悪感情や競争心はありません。これはアモラならではの教えの真髄です。私も自分にとって扱いにくいケースだと気づいた場合はよりふさわしいプラクティショナーを紹介することがあります。アモラ自身、やはりそうしていました。

クリスタルとお店のこと

2000年代のはじめ、アモラはシャスタのウエサク祭でトニー・ロウという人に出会って、アフリカのナミビアで採れたクリスタルを手渡されました。彼がクリスタルをアモラの手にのせたとたん、アモラは過去世の体験に入ってしまい、こうしたクリスタルの癒しの力に関する知識を思い出して数多くの詳しい情報を受けとったのです。ナミビアのクリスタルに強く触発されたアモラは、自分にとってはもう必要でなくとも、教え子たちがこれを手に入れられるようにしたいと考えました。クリスタルという〝存在〟はきわめて特別で、この時期の地球がまさに必要としている特殊なエネルギーを持っているのだと彼女はよく言っていました。

ナミビアのクリスタルを前にしたトニーとアモラ

アモラは自宅にクリスタルのための部屋をつくりまし

た。最初の荷物が届いたとき、私もそこにいたのですが、それは巨大な箱で、ずいぶん大きなトラックで運ばれてきました。私が梱包を解くと、すぐにクリスタルたちがシャスタ山とつながっていくのがわかりました。エネルギーが山とのあいだを行き来して、クリスタルと山が話をしていたのです。それは手でさわれるほど、ありありと感じられました。

２００４年に最初の店を開いたことはアモラにとって新たな冒険でした。彼女が大好きだった美しいものをたくさん仕入れ、それを販売する場所ができたのです。アモラは地元で活動するアーティストたちのために作品を展示するスペースをもうけたり、各地で教え歩いている教師たちに教室を提供したりしました。彼女自身も、店内で定期的な瞑想とチャネリングのイブニング・セッションを開き、これは生涯つづくことになります。

アモラの最後のお店は、念願かなってシャスタの街のメインストリートにオープンしました。店にはナミビアの大きなクリスタルを中心に、さまざまなものが並べられました。シャスタの手工芸品や、さまざまな貴石、たくさんのドルフィン関連グッズ、それにアモラのチャネリングＣＤ１２０枚、自身の音楽ＣＤ６枚、ＤＶＤ３枚に、４冊の著書の各国語版。それらのすべてが一堂に陳列されたのです。こうしてアモラの仕事をあますところなく展示したスペースが生まれたのでした。

人とのつながり

アモラがこの世でひとつ心残りだったのは、長く安定したパートナーシップに恵まれなかったことでしょう。彼女には子どももなく、その心の隙間をいく人かの子どもたちの後見人になることで埋めていました。アモラの最期を看取ったのもそのひとり、近所に住むウィスパーでした。彼女は私に、はじめてアモラを訪ねた日のことを話してくれました。まだ少女だった彼女が幼い弟を連れてドアをノックすると、戸口にアモラが現れました。そのとき、ウィスパーはびっくりして口をあんぐりさせ、「まあ、天使だわ！」と叫んだそうです。もちろん、アモラは小さな客人たちを中に招き入れてクッキーとミルクでもてなしました。それから二人はしょっちゅうアモラの家にやって来るようになり、ほどなくその美しい少女ウィスパーは、アモラに後見人になってほしいと頼んだのです。その結びつきはアモラにとって人生の宝物でした。

アモラが何度となく私に、「あなたとは家族以外では一番長いつきあいだわ」と言っていたことを思い出します。

アモラの健康と運転について

アモラにとって今回の人生における最大の悩みは健康と体型でした。父方の体質を受け継いでつねに太っていましたし、1990年代のギリシャ旅行中に痛めた脚は生涯彼女を悩ませつづけました。さらに後年は、糖尿病と高血圧で薬を服用しなければならず、2000年代のはじめには高血圧のために一方の目が見えなくなりました。

スピード狂のアモラは「アクセルをめいっぱい踏み込みたくなるの」と私に言ったことがあります。私がスピードの出しすぎをとがめると、きまって彼女は笑い飛ばしました。私は言いました。「死ぬのは怖くないわ。怪我をしたくないのよ！」

結局、アモラの運転は二人の関係でいちばんの葛藤の種になりました。彼女が運命の事故にあう4年ほど前のこと、私は瞑想中に大天使ミカエルから「もうアモラの車には乗ってはいけない」と言われたのです。そこでアモラに、ガイダンスを無視することはできないから今後は彼女の車には乗らないと伝えました。それは私たち二人のあいだに起こった、唯一の大きな対立でした。

アモラがシャスタ山で大事故を起こしたと知らされたとき、スピードを出しすぎてカーブでコントロールを失ったと聞いても私は驚きませんでした。アモラは重傷を負い、マウント・シャスタの病院からもっと大きな病院へと空中輸送されました。その10日後、アモラはこの世を去ったのです。ケンタッキーからやって来て車に同乗していたアモラの末の妹、アングリアは腕を骨折し、背中を負傷しましたが、手術のあと無事回復したということです。

晩年

アモラはいつも大らかで愛にあふれた友人でした。ときどき鬱のような状態におちいったり、また元気になったりしていましたが、晩年には鬱の傾向が増していったようです。でも彼女はいつでもそこから自分を引っぱり出すことができました。健康上の問題が積みかさなって、受講生の数も減りはじめてから、アモラはしばしば引退について口にしました。その時点ですぐ規模を縮小したりワークをやめたいと望んだわけではありません。しかし少なくとも10年間は引退のことを話していたでしょう。

アモラは何百人ものプラクティショナーを育て上げ、彼女のリーディングとヒーリングを求める数多くのクライアントがいました。それでもドルフィンスターテンプルの組織は大きくはなりませんでした。アモラの教えは、一人ひとりが自分で仕事を育てていくべきだというものだったのです。彼女はこう言いました。「私はこれを提供し、あなたはそれを人々のために使う。それをどうするかはあなた次第よ」。この考え方に強く惹かれ、私はこの組織のメンバーになりました。これはグルの教えとまるで違っていました。私個人にとっては非常に大事なところでした。アモラは人々が進化し、向上していくことに喜びを感じていました。そこには教会のような厳格さはありません。それでもドルフィンスターテンプルの集約的なサポートシステムを望む声によって、アモラは「プラクティショナーの日」をもうけ、そこで講師や教え子たちに話をすることにしたのです。

アモラはたくさんの感謝の手紙を受けとりました。「あなたは私の人生を変えてくれました」というような山ほどの手紙です。でも最晩年になると、もはやこうした感謝の言葉を受けとれない境地にいたったようです。どうしてなのか、正確なところはわかりません。

ほんとうに多くの人々がアモラの人生、アモラの存在、アモラの教えに触発されました。彼女が他界してから何百という追悼の言葉が寄せられ、そこにはこの傑出した人が受けとるにふさわしい愛と感謝の物語が数えきれないほど綴られていました。私は個人的に彼女との完璧な友情に聖なる恵みを感じ、このすばらしい思い出に心から感謝しています。

受講生たちの言葉

＊家族のようなアモラのクラス

ミラ・エル

アモラは１９８６年ごろに西海岸からマウント・シャスタに引っ越してきました。当初、彼女は宝石の販売をしながら、自分で焼いたお菓子を当時最大の健康食品店だったマウンテンソングという店に卸したりしていました。

彼女はバークレー・サイキック・インスティテュートで勉強した人に学んでいて、それが彼女のセルフケア・テクニックのおもな土台になったようです。アモラは教えはじめてまもなく、生徒たちがおたがいにヒーリングしあうような形へと指導法を進化させました。そのなかで透視トレーニングのプログラムが自然と出来上がっていき、これがＦＳＰトレーニングの基礎になりました。それと同時に、アモラはプレアデスから情報を受けとり、〝カー〟の活性化をふくむＰＬＩのプログラムが形になっていったのです。私は１９９５年４月から透視トレーニングを受けはじめ、それから４年ですべてのトレーニングと研修期間を修了しました。

私がいちばん楽しかったのは、ＰＴＩのクラスでみんなが〝カー〟の活性化などの手法を練習しているときにギターを弾いてアモラと歌うことでした。音楽に宿る愛と美をとおして、人々の感情が健やかに癒されていくことは私にとって最大の喜びだったのです。また講師として、受講生たちがクラスに現れたものを得るにしたがい、〝光が浸透していく〟のを見ることも大きな喜びでした。教え子が透視者やヒーラーとして自立していけばいくほど、私の教師としての自己が薄らいでいくのを嬉しく感じたものです。

私はとりわけＤＢＲ（ドルフィン・ブレイン・リパターニング）のワークが大好きでした。このセッションを受けると自分の核が深くくつろぐのを体験できるのです。私の身体は骨格や各ポイントが外から見てわかりやすいので、よくデモンストレーション用のモデルとして台の上に横たわりました。それが練習のためでも、身体に触れてもらえるのは心地よいものでした。

クラスにはいつも家族のような強い絆が生まれました。アモラはほんとうに教えることが大好きで、すべての人を神聖な存在として迎え入れたのです。どのクラスも内容が濃く、生き生きと活気にあふれていました。アモラと私はとてもいいコンビでした。体つきもキャラクターも、アモラは堂々として豊潤、私は痩せっぽっちで質素なほうだったので、ちょうどおたがいに補い合っていたのです。

日本からの受講生に教えることも、とても楽しい体験でした。私は日本とその文化に強い親しみを感じているので、アモラと一緒にここシャスタで、また日本でも、日本の人たちとワークができたことはとても懐かしい思い出です。

＊ビッグボス、アモラ・クァン・イン、またの名を優しい鹿のバーバラ

ステファニー・レインボー・ライトニング・エルク・ウェイデル

はじめてアモラと会ったとき、私はその体格とボリュームにびっくりしました。彼女の話す声や歌声はまるで天使のような響きでしたから、てっきり空を舞うような神秘的な雰囲気と高遠なエネルギーをたたえた、長身でほっそりした人だろうと思いこんでいたのです。ア

モラはまさにその逆でした。でもそんなことがどうであれ、いったんワークが始まると、彼女は大きいグループでも小さいグループでも、一貫してつねに教室の中心でしっかりと指揮をとりました。

今でもはっきり記憶に残っているのは、1999年にシャスタのアモラの自宅で行われたFSPトレーニングです。生徒はたった4人で全員が女性でした。ワークショップの開始時、生徒のひとりが玄関に入ってくるとすぐ、アモラはあたりをただよう匂いに気づきました。受講生は身体にも衣服にもいっさい香料を使ってはいけないと言われていました。アモラはその生徒に、着ているものをすべて脱ぐか、そうでなければ出ていくように言いました。匂いの原因が自分ではないことを祈りながら立っている私たちの目の前で、彼女は衣服をすべて床に脱ぎ捨てました。そして「香水も香料入りの石けんもダメって言われたから、私はそんなものいっさい使っていませんよ！」と抗議しました。アモラは一瞬考えて、こう言いました。「わかった、じゃあ乾燥機に香料が残っていて、その匂いがついたシーツで寝たのね」。「それよ、それだわ！」と彼女は叫びました。するとアモラは奥に引っこんだかと思うと、洗いたての衣類をひと揃い持ってきたのです。

この地上で人間として生きるにはアモラはあまりにもデリケートすぎるところが多数あり、

それらの問題を彼女自身でも治せないというのは意外でした。時とともに彼女もアロマオイルくらいなら耐えられるようになりましたが、飛行機に乗ると人々の匂いで疲れきってしまうとよく言っていました。身体がこわばってしまうのだそうです。アモラは彼女のアレルギーやパートナーとの確執や、体重の問題そのほか健康上の悩みまで、自身のトラウマについて親しく私に打ち明けてくれました。それを通じて、むしろ私は彼女が個人的にどういう人であるかより、彼女の教えに心を開いていくことができたのです。

アモラはつねに明確な境界を保っていました。私にとって彼女は専門家であり、教師であり、ビッグボスでした。卒業後も私は教え子としてアモラを師と仰いでいます。

アモラの才能には目を見張ってしまいます。ＣＤを製作し、本を書き、ワークショップを世界中で開催し、個人セッションに応じ、多くの卒業生をライトワーカーや聖なる奉仕者として世に送り出し、非営利団体のドルフィンスターテンプルを運営し、そのうえお店まで切り盛りしていたのです。でもそれと同時に、彼女は自分の身体的な限界や痛みや感情的な傷と葛藤し、ときに苦しんでいました。アモラはつねに自分の人生を自分で決めていました。ですから、きっと地上を去るタイミングも彼女自身で決めていたのでしょう。

＊食べることが大好きで正直な人

ロンダー・ホーンストラ

アモラがはじめて夫のオマカユエルとともにオーストラリアに来たとき、彼女たちは私の住む小さな街の郊外に滞在しました。そのコテージは野生の原野にあり、カンガルーがあたりを跳ね回っているのを見てアモラは大喜びでした。みんなで街までランチに出かけたときのこと、料理が運ばれてくると彼女は「サラダはどこ？」とウェイターにたずねました。お皿の上に乗っているという答えを聞いて、アモラは「これはサラダじゃなくて付け合わせでしょ」と言いました。サラダを別に注文できることをウェイターが説明すると、「サラダに別料金がかかるの？　ふつうはセットでついてくるんじゃない？」と彼女は言ったのです。

アモラが食べることに目がないということは、親しい人ならみんな知っていました。私たちはそんな正直でまっすぐな彼女が大好きでした。

＊愛の大切さを教えてくれたアモラ

ミカ

私はドルフィンスターテンプル（DST）とアモラの導きによって、数えきれないほど多くのことを学びました。なかでも今の私にもっとも大切なのは愛であり、それをどう最高のかたちで表現するかということです。

私はいつも周囲の人たちがどう思っているかをひどく気にしながら育ちました。まるで頭の上に大きなアンテナが立っていて、まわりの状況とそこですべきことを敏感にキャッチして知らせてくるような感じだったのです。両親やほかの人たちの価値観に従って生きていて、自分が命のないロボットとか、両親のペットのような気がしていました。つまるところ自分でしていることと言ったら、ただ息をしているだけなのではないかとさえ思いました。

どうして自分がそんなふうに感じてしまうのか知りたくて、いくつか心理学のセミナーにも参加してみました。そこでは自分についてある種の気づきがありましたが、私自身の失われた部分や弱まった生命力をとりもどすための情報は何も得られませんでした。私はどうしていいのかわからなくなり、とうとう重い病気になってしまいました。

けれどついに望みがかない、アモラとDSTの教えにめぐり会って、劇的に人生が変化したのです。私はDSTの学びを進めるうちに、今までのような生き方をつづけていたら、真の自己の意味を見つけるどころか、生きるための身体機能を維持することもできないと気づくようになりました。

アモラはいつも愛をもって、自分の本当の使命を生きたければ、まずはそれに沿った生き方をすることを決意しなさいと教えてくれました。自分と闘ったり自分を否定するのではなく、自分にできることをして自分の価値を認めるように言ってくれたのです。私が今ここにいるのは、アモラとDSTのおかげです。アモラの大きなスピリットから受けとったすべてのことに深く感謝しています。

＊優しくてきびしい、魅力たっぷりの女性

セイコ

私がはじめてアモラのワークブック『プレアデス 覚醒への道』を手にとってから13年がたちました。その当時はスピリチュアルという言葉もよく知らず、好奇心からそこにあるワークを試してみただけでした。ところがその本は最終的に私をアモラへと結びつけ、人生に深い変化を引き起こすことになったのです。

DSTでの学びが深まるとともに、私はさまざまな思いこみから解放されていきました。それ以前は怒りをとおして前に進むという生き方しか知らず、被害者意識がつのり、人生のなかで犠牲者として毎日を生きていました。私の中の臆病者がなかなか怒りを手放せなくて、

なんど自己嫌悪に陥りかけたことでしょう。けれどもアモラの指導のおかげで、家族の問題をすべて乗り越えることができ、自分のすべてを愛し、家族内の違いを受け入れられるようになったのです。

アモラは日本との特別なつながりがあって、日本の人々のために目覚めをうながしてくれました。クラスの中でよく彼女は、いつのまにか美しい歌を口ずさんでいました。アモラはお茶目で優しくて、きびしくて魅力たっぷりの女性でした。今でもあの話し声と笑い声が聞こえてくるようです……

＊今この瞬間に感じることを大切にする

ヤス

ＤＳＴに出会うまで、私は自分も含めて人間というものが好きになれませんでした。まわりの世界から孤立し、自分には生きる価値がないと思いながら生きていたのです。みんなのお荷物にならないように、自分の人生に終止符を打つことばかり考えていました。でもどこか心の奥のほうで、いま人生を終わらせたら後悔するのではないかという気がして、もっと楽しく生きたいという思いが出てきました。私は幸せになりたかったし、このままの私を受け入れてくれる、気の合う人たちと出会いたかったのです。その新たな思いを自分で受け入れたとき、スピリットがそうさせたかのように私はＤＳＴへと導かれていきました。

ＤＳＴの教えはとても新鮮でした。まず自分と正直に向き合うこと、つぎに人に対しても正直に向き合うことを学びました。そして過去や未来の自分ではなく、今この瞬間に感じていることを大切にする必要があるのだと気づきました。私は孤独ではなかったのです。いつもハイアーセルフと光の存在たちがついていてくれたのですから。こうして、ついに私は愛が真実だと理解することができたのです。

この時代に教えをもたらしてくれたアモラに、心からの感謝をささげます。

イヴォンヌ・ソーダバーグ

＊私の中のアモラのイメージ

6月のとある日曜日、私はシャスタの街のメインストリートをのんびり歩いていました。ただエネルギーを感じて、そこにいるのを楽しんでいたのです。よく晴れた暑い日で、人影も少なく、あたりは閑散としていました。すると、その静かな街にはいささか不釣り合いな轟音が鳴りひびき、むこうから鮮やかなオレンジ色の三菱エクリプス・コンバーチブルがルーフを開けたまま、ものすごいスピードで走ってきました。アモラはいつも駆け回っていました。ターコイズブルーの服に身を包み、ブロンドの長い髪を風にはためかせて。美しいアモラ——自由で、強くて、才能豊かな彼女は、ほんとうに一途に独力ですべてを築き上げたのです。

私は何年間もPLIコースに参加して、しかもPLI-2とPLI-3では私が唯一の受講生でしたから、アモラと親しくなれる機会がたくさんありました。私は最初、二人きりだから速く進んで、きっと毎回のセッションも予定より早めに終わるだろうと思ったのですが、とんでもありませんでした。アモラは全力投入の人だったのです。彼女はどの生徒にも、じつに厳格でした。その体系のすべてをつくりあげた創始者から直接指導を受けて学ぶというのは決して気楽ではありませんでしたが、今にして思えばありがたいことでした。コースはアモラの家で行われたので、日中ずっと一緒にいられたし、ときどき夕食も一緒にしました。

いくつかの思い出をお話ししましょう。

ある日、私が窓辺に立って外を見ていると、アモラがそばに来て、どうしたのかとたずねます。「友達のことが心配なの」と私は答えました。

「イヴォンヌ、心配してはだめ。それは一番よくないことよ。あなたの友達を、自分の人生の問題にちゃんと対処できる強い人だと見てあげなさい。心配するというのは、その人から力を奪ってしまうことなのよ」

そう言われて、私はちょっと不愉快になりました。友達を心配してどこが悪いの、私がそうしたいんだから、と思ったのです。とにかく心配するのは良いことだし、私にすれば思いやりの表現でした。でもよくよく考えてみると、まったくアモラの言うとおりだったのです。私は友達のことを、自分の問題を自分で解決する力があって、実際解決できる人だと見てあげる必要がありました。彼女がどうすべきかに私が口を出すのは、暗に彼女の力を信頼していないと伝えていることになります。そんなふうに彼女を弱めてしまうエネルギーではなく、信頼のエネルギーで彼女をサポートすべきなのです。それまで「心配」というものの意味さえ考えたことがなかった私は、美しいシャスタの風景の中を歩きながら、しばらくこのことについて思いをめぐらせました。まだまだ知るべきことがたくさんありました。私の人生に、なにか新しい道がほの見えてきたような気がしたものです。

アモラも私もジュエリーが大好きでした。アモラはとてもたくさん持っていて、毎日違うものを身につけていました。私が必ず感想を言うのを知っていたのです。ある日、アモラは美しいモルダバイトで飾られた幅広のブレスレットをしていました。それについて彼女はガイドからこんなメッセージを受けとったと話してくれました。私がそのブレスレットを第三の目の上にあてて瞑想し、その日ずっと身につけていれば、高次元との結びつきが強くなって彼らとのコミュニケーションがよりスムーズになるというのです。そして、私もモルダバイトをひとつ手に入れて毎日身につけるといい、とガイドから言われたそうです。

私が自分にぴったりのモルダバイトを見つけられるように、アモラはパンフレットやカタログをかき集めて私にくれました。彼女は人のために何かをするのがほんとうに大好きでした。あらゆる手をつくして私に一番ふさわしいものを探し出し、手数料もいっさい受けとらずにわざわざ東海岸の店から取り寄せて、彼女の家に送るよう手配してくれたのです。そのモルダバイトはとても豪華なものでした。アモラの愛と思いやりのエネルギーがこもっていて、手にすると心が休まりました。

PLI−3を修了し、シャスタでまだ受けていないのは残り1コースだけになりました。すでに参加しようと心に決めていたのですが、その矢先、アモラが事故に遭ったことを聞いたのです。その知らせは痛いほど悲しく、どこからともなく私の中にアモラのひとりぼっちの記憶が映し出されました。

それから二度、瞑想していてアモラに会いました。そのひとつは、アモラがターコイズブルーのゆったりした服を着て、草原で幸せそうに楽しく踊っているところでした。そのとき、彼女はもう帰ってこないとわかりました。そのあと彼女の訃報を受けとったのですが、静かに受けとめることができました。

シャスタでは別の人がコースを教えることになり、私も参加を決めました。コースを受けるためだけではなく、アモラとのことに完了をもたらし、彼女がもういないという事実を受け入れるためです。コースはアモラの家で行われました。アモラのすばらしいコレクションに囲まれながら、そこに彼女がいないということがとても奇妙でした。彼女のスピリットはそこにいるのに、ぽっかり穴があいたようでした。

ある日のこと、私がキッチンに立って夢のような心地で山を眺めていると、誰かが背中に触れるのを感じました。参加者のひとりだろうと思って振り向くと、そうではありませんでした。なんと肉体を持ったアモラがそこに立っていたのです。私は驚きのあまり空中に飛びあがり、心臓が毎秒200回くらい脈打ちました。亡くなった人が肉体を持って現れるのを今まで一度も見たことがなかったのです。アモラは私に話しかけました。私の未来について話してくれたのですが、あまりの感動と素晴らしい愛に圧倒されてしまい、その全部は覚えていません。この深遠な体験はずっとずっと忘れられないでしょう。

アモラ、あなたが私に、そしてこの世界に与えてくれたものに感謝します。あなたの新しい本を読むことを楽しみにしています。

＊私は本当にアモラを知っていたのだろうか？

ゲイリー・ケンドル

はじめてシャスタに向かうとき、いったいアモラとはどんな人なんだろうと、直接会うのがとても楽しみでした。まったく見当がつかなかったのです。以前、ペルー人のシャーマンたちから何年も学んだことがありますが、彼らはみなそれぞれに個性的でした。私はアモラに会う前に、彼女の2冊のワークブックを熱心に読みこなし、そのワークに深くのめり込んでいました。それは私の毎日のスピリチュアルな修練の土台となっていたので、アモラの指導によってさらに深めるつもりでした。

しかしいざ会ってみると、アモラから学ぶことはまだまだたくさんあることがわかりました。ワークブックに書かれている以外にもさらに多くの課題があることを知って、私は愕然としました。思ってもみないことでした。私の想像をはるかに超えて、地平線が一気に広がってしまったのです。ＦＴＰとＰＬＩのコースに参加した私は、まるできらびやかなお菓子屋さんに放たれた子どもようでした。ずっと憧れていた場所に、ついにめぐり会えたのです。

毎回のクラスを体験するにつれて、だんだんとアモラのことがわかっていきました。本の中で感じたのと同じ知性と明晰さが、実際にクラスの中で現されるのです。とても明確で、とても率直で、とても愛に満ちています。アモラがクラスをリードしているときに、彼女の〝見える〟能力のすごさがよくわかりました。たとえば、PLI－1がはじまってすぐ〝カー〟の経路を開く実習をしていたときのことです。私は部屋の中でアモラと反対側の端のほうで彼女に背中を向けて、ひたすら一生懸命ワークに取り組んでいました。すると「ゲイリー！それでエネルギーが正しい方向に流れていると思うの？」とアモラの声が部屋の向こうから飛んできたのです。彼女は完全に見抜いていました。生徒のしていることが実際に見えて、そのすべてを確認してくれる先生なら、生徒はまちがいなく急速に伸びるでしょう。

アモラは単にみんなにワークを体験させるだけでは満足しませんでした。ある日のクラスで、彼女はワークの動きがうまくいかない二人組を呼び出しました。その二人はおたがいに相手が気に入らず、そのことがワークに影響してしまっていたのです。アモラは彼らをワークの場から外に出してお説教をはじめました。どちらも面目を失うまいとして弁明するのですが、ほかの人には些細に思えるようなことでも、アモラは決して大目に見たりはしませんでした。また、こんなこともありました。私がクライアント役の相手の話を聞きながら、うわの空になっていたとき、アモラは私を呼びました。「わかってる？　あなたは、これは前にも聞いた話だと思ったとたん意識がそれてしまう癖があるのよ」。これは私がずっとはまっていた自分のパターンをはじめてかいま見た瞬間でした。そこから完全に抜け出すまでにはずいぶん長い年月を要しました。

さらに私はアモラから、どうしてワークの細かい部分をいちいち知りたがるのかと何度もたずねられました。私はワークを体験するだけでなく、それを研究し分析したかったのです。「あなたは学者みたいにワークをやっているわね」。まさにその通りでした。彼女は私が自分でもっとストレスのないやり方を見つけられるようにと、その場を離れていきました。私はアモラのこともかなり学者の目で見ていたのです（その当時、私はまだ教授をしていました）。アモラはとても明晰で寛大でした。そして素晴らしい知性を持ちあわせていました。私はコースが終わったら、できれば彼女と新たな観点から深く凝縮した議論を交わしたいと思っていたのです。でも、その夢は砕け散りました。アモラはそういう種類の話にはいっさい興味を示しませんでした。彼女は概念化も体系化もしたくなかったのです。彼女にとって大切なのは、一緒にいること、楽しい時間をともに分かち合うことでした。いつか彼女とつっこんだ話ができたらという私の憧れは、みごとにあてがはずれました。

だからといって、一緒に過ごす時間が退屈だったわけではありません。ある晩、私と妻のウラは、アモラ、オマカユエルとともに夕食をとりました。そこはアモラのお気に入りのレストランでした。話しているうちに未来のビジョンに関する話題になり、アモラは「セックスに関する話をしてもかまわないかしら?」とたずねました。「ええ、もちろん」と私たちが何のことかもわからず答えると、彼女はセックスの最中に見たビジョンについて話しはじめました。性的なタントラ・エネルギーと幻想的ビジョンの透視には図式的な関係があるというのです。ほどなくレストラン中のほかの話し声はすべてやんでしまい、何のためらいもなく体験を語りつづけるアモラの声だけが店内に響きわたりました。

その頃、私はもうアモラのことがかなりよくわかったと思っていました。私の知る彼女は、才能あふれる頭脳とハートをそなえた、卓越したサイキックとしてのその人でした。ひょっとしてアモラのほうでは私を変人だと思っていたかもしれませんが、それでも明らかに私たちは仲がよかったのです。私はいちどアモラのために、コンピュータによる自作の前衛音楽を演奏したことがあります。それは私自身のスピリチュアルな人生とヒーラーとしての体験を映し出した音楽だと自分では考えていました。けれども彼女の反応は、「あなたと私はまったく違う宇宙から来たとしか思えないわ」というものでした。

この本のために大勢の人々から話を集めていくうちに、私はアモラに対して別の視点に立つようになりました。まず気がついたのは、多くの受講生たちが知るアモラは私の理解とさほど違ってはいないということでした。つまり、みんな本当にはアモラのことをあまりよく知らなかったのです。私たちはみな何かしら自分の一部を彼女に投影していました。そして彼女に対して自分のために何か特定のものを期待し、それぞれに特定のやり方で彼女に完璧であることを要求しました。でもアモラは違ったのです。そんなことは無理でした。多くの人が、アモラがつまずいたとき理解に苦しみました。どうして彼女がそんなことを言うのだろう？　なんでこんなことをしたのだろう？　これほどのマスターであり教師である人が、なぜ自分の人生でうまくいかないのだろう？　いったいこの不完全なアモラという人をどう理解すればいいのでしょうか。

彼女には公的な顔があったように見えます。それは私たち一人ひとりが自分で抱いているイメージにすぎません。でも彼女個人の現実に接すると、おそらく多くの人にとって理解しがたい違和感が生じるのでしょう。ロックスターとかビートルズのように、あまりにも強い存在感がある人々は、そのイメージによって個人としての限界が覆い隠されてしまいます。

アモラは私たちみんなにとって霊的進化のロックスターでした。

そして、それでももちろん、こうしたすべての側面がアモラという人として一つにまとまっていたのです――ことに私にとっては確固としたアモラとして。私がアモラから受けとったもっとも重要な気づきは、絶対的な個人の主体性についてでした。私たちが自分自身の主人であることに妥協の余地はありません。これは完璧な法則であり、自分の力を奪うような誘惑から数えきれないほど私を救い出してくれました。このゆるぎない明晰さと、その他たくさんのことのおかげです。それは私の人生をずっと啓発しつづけ、私をさまざまな新しいスピリチュアルな方向へと導いていきました。今、私は自分が不完全であっても、アモラがおしみなく見せてくれた愛と勇気をたずさえて真摯に人生に取り組んでいます。

訳者あとがき

アモラとの出会いは20年近く前に遡ります。当時、彼女の最初の本『プレアデス 覚醒への道』と、それに続く『プレアデス 人類と惑星の物語』を翻訳する機会に恵まれた私は、本を通じて伝わってくる誠実で飾らない人柄と、真摯な生きる姿勢に強く心をうたれました。そしてマウント・シャスタに住むという著者に対して、尊敬と憧れの気持ちがつのっていきました。

その数年後、アモラがはじめてダイナビジョンの招きで日本にやって来たとき、彼女はとても繊細で傷つきやすい一面をその場にいた私たちに対してオープンにし、どんな状態でもそのままの自分でいることのパワーを見せてくれました。その日、私が帰りぎわに挨拶をすると、アモラは私の心臓を指さして「覚悟はできた？」と問いかけたのです。当時、葛藤を抱えながらも子育てに追われ、母や妻としての自分を最優先していた私にとって、その言葉は大きな衝撃でした。それ以来、来日の折や、私がシャスタを訪れるたびにアモラは私の人生に揺さぶりをかけるように、いつも道をさし示してくれる存在となりました。

そして今から3年ほど前のこと、ダイナビジョンの穴口恵子さんから、本書"Oneness"の最初の原稿を見せられたとき、アモラの愛がいっぱいつまっている本だと感じました。優しいシンプルな言葉の中に、これまで以上に深い愛の世界が感じられて、彼女の集大成ともいえる書なのではないかと思ったのです。ちなみにアモラは最初の本の中で、チャネリングを通して4冊の本を書くだろうとプレアデスの光の存在から告げられたと語っています。そして予言通り4冊の本を著して出版されましたが、本書はそれに続く5冊目にあたります。この本には、アモラの生の声がもっともダイレクトに表現されているのではないでしょうか。長年ヒーラーや教師として数多くの人々を癒し、導いてきた体験を通して、彼女自身が私たちに「このことを伝えたい」という強い思いをもってまとめ上げたものだと思えるのです。

その翌年、2013年6月に彼女は不慮の事故で肉体を離れ、この星から旅立っていきましたが、それも地上での役割をまっとうした彼女の大いなる計画のひとつだったと信じています。

私にとって今でも忘れられないことがあります。ずいぶん前ですが、アモラに"You are beautiful"と感嘆の気持ちをこめて言うと、彼女は真顔でこう答えました。「私とまったく同じように、あなたも美しく素晴らしい光の存在なのよ。私たちはみんなそうなの。そのことを忘れないで」と。私の憧れや賞賛の言葉はあっさりはじき返されました。自分を偶像化させることを決してゆるさなかった彼女は、私が自分自身の唯一のマスターであることを気づかせようとしてくれたのです。そんなふうに、アモラはいつも、誰もが対等に調和の中で美しく光り輝いているワンネスの世界へと私たちをいざないました。

私にとって印象深いのは、アモラはバラの花が大好きだったことです。「これはある人から贈られたのよ」と、あるとき一輪差しの赤いバラをとても嬉しそうに見せてくれました。また、セッションのお礼にバラの花束を受けとったときには、少女のようにはにかんだ笑顔になりました。アモラの存在は、純粋で気高いバラのような魂として私の中に刻まれています。アモラは今でも私たち一人ひとりの中に住んでいて、私たちの呼びかけに応え、励まし、見守ってくれていると感じます。

本書の翻訳という貴重な機会に声をかけていただいた穴口恵子さんに、心から感謝します。明るくパワフルに背中を押してくださる言葉に励まされて、前に踏み出すことができました。そして太陽出版の飽本雅子さん、いつもさりげない心配りや力強いバックアップをしてくださっていることに深く感謝します。

また、新たに追加された編者まえがきや囲み記事、付記の部分について翻訳を快く引き受けてくださったニコラス角谷さん、本当にありがとうございました。そしてアモラの深く美しいエネルギーをこの翻訳書に宿してくださった編集の秋田幸子さん、ふたたび一緒に共同創造ができたことはこのうえない喜びです。さらに、インスピレーションに満ちた装幀をしていただいた森脇知世さんに感謝を贈ります。

この地上での生活のすべてにいとおしさを感じつつ、家族や友人、仙台での活動を支えてくださっている周りのすべての人々に、そして本書を通してこれから出会う読者の皆さんに感謝を贈ります。

最後にアモラ・クァン・インに心からの感謝と愛をこめて、一輪の白いバラの花を捧げます。

２０１５年12月　満月を間近にして

鈴木純子

その他のコース

●ドルフィンブレインリパターニング
頭蓋骨や、脳骨髄液、関節等、肉体に動きに働きかけることで、マインドでは把握できない領域における、クリアリングやヒーリングを行います。また、人生のリフレーミングを行うことで、過去に体験した傷さえも書き換えるため、自身の人生を見る視点がガラッと変わる手法です。

●多次元ヒプノセラピスト養成コース in シャスタ
高次元の存在からのサポートを受け、高周波の聖域をつくってクライアントを誘導していくため、安心安全な空間で潜在意識へアクセスし、深い癒しへと導けるようになります。また、クライアントが源とのつながりを思い出す多次元レベルの誘導もできるようになります。

●インナーチャイルドセラピーマスターコース
アモラ・クァン・インが来日の際に伝授した、インナーチャイルドを深く癒す手法。自分自身のインナーチャイルドのさらに深い解放を体験するとともに、スキルを習得することでクライアントに対する施術のメニューを広げることができます。

●アシスタントティーチャーコース
ドルフィンスターテンプルの真髄を学び、講師として活躍をしていくための第一歩。アシスタントティーチャーとして活動していくためのリーディング、ヒーリングが行えるようになります。

●ティーチャーコース
ドルフィンスターテンプルの真髄を広めていく方のためのコース。ティーチャーとしての信条、あり方、スキルのすべてを学びます。

そのほか、各種イベントやワークショップが随時開催され、また個人セッションも行われています。くわしくは下記ウェブサイトをご参照ください。

ドルフィンスターテンプル® ミステリースクールジャパン
http://dstjapan.com/
〒153-0051 東京都目黒区上目黒 2-15-6 川鍋ビル 5F
株式会社ダイナビジョン　お問合せ・お申込み Tel: 03-3791-8466

※ドルフィンスターテンプル®、空間の設定®、場の設定®、契約の解除® は、株式会社ダイナビジョンの登録商標です。

ドルフィンスターテンプル® ミステリースクールジャパン
コースプログラムのご案内

透視コース

●FSP-1
場の設定® やグラウンディングの方法、オーラの見方やチャクラの浄化、契約の解除® の方法など、スピリチュアルスキルの基礎を学びます。顕在意識レベルのリーディングを通して、顕在意識で認識している自分のパターンを解放し、ハイヤーセルフとのつながりを体感していきます。

●FSP-2
潜在意識からの解放・浄化を促し、顕在意識と繋がる部分から無意識層まで強力にクリアリング。多次元レベルでのリーディングとヒーリングを行い、自分でも気づいていなかったパターンや信念などを明らかにして、癒し、深いレベルでの肉体とハイヤーセルフの融合を可能にします。

●FSP-3
遺伝的レベルや過去世レベルのトラウマをはじめ、最終的に根深く残っている問題の原因にリーディングとヒーリングを行います。魂からの全感覚機能の解放を学び、その結果、自身が神意識に目覚めた存在、マスターとして最高最善の人生を現実化できるようになります。

マスタリーコース

●PLI-1
古代レムリア、アトランティス、エジプトの神殿において伝授されていた秘儀です。カー経路の活性化（16対の経路を開き、ハイヤーセルフのエネルギーとつなぐ)、聖なる流れのマトリックス、ハイヤーセルフ、コスミッククンダリーニと地球のクンダリーニの活性化など。

●PLI-2
神意識を肉体に統合し、地球とともに覚醒して生きるための秘伝。アクティベーションの瞑想（6次元のチャクラシンボル、9次元の光の柱、13の地球のチャクラと繋がる)、細胞および原初の8つの細胞と内臓と内分泌系のクリアリングとヒーリング、細胞のリコネクションヒーリングなど。

●PLI-3
自身のエゴや課題をクリアーにし、パラダイムシフトをもたらし、自らの神聖さを受け取って、人生を進むべき方向へと導きます。ダイヤモンドライトボディの活性化、マカバの教えと瞑想、聖なる幾何学のヒーリングと活性化、ドルフィンムーブなど。

著者

アモラ・クァン・イン Amorah Quan Yin

1950年11月30日、ケンタッキー州の小さな街アーヴィンに生まれる。生まれつきサイキックで天性のヒーリング能力があった。アモラ・クァン・インという名は、1993年、瞑想中に観音を直接体験したことから。マウント・シャスタに24年にわたって住み、1998年にはそこでドルフィンスターテンプル・ミステリースクールを開校。シャスタは唯一、心からふるさとと感じられる土地だとよく口にしていた。山の高さ、独特のエネルギー、周囲一帯の美しい景色ゆえにここを愛した。人々の注目を浴びることをあまり好まず、むしろ内向的な性格だったという。2013年6月13日、シャスタ山エバリット・メモリアル・ハイウェイでの自動車事故がもとで他界。

遺作となった本書の前に4冊の著書があり、12の言語に翻訳されている。邦訳書は『プレアデス 覚醒への道』『プレアデス 人類と惑星の物語』(ともに太陽出版)、『プレアデス タントラ・ワークブック』『プレアデス 神聖なる流れに還る』(ともにナチュラルスピリット)。録音したCDは数百枚に及ぶ。

http://www.amorahquanyin.com/

監修

穴口恵子 Keiko Anaguchi

ドルフィンスターテンプル・ミステリースクールジャパン代表、認定講師。1995年に株式会社ダイナビジョンを創立し、多数のセラピストやヒーラーを育成しつづけると同時に、世界的ベストセラー作家のアラン・コーエンや、全米トップサイキック100に選ばれたドゥーガル・フレイザー、ソニア・ショケット、グレッグ・ブレイデンなどの日本招致をプロデュース。また、ヒーリングショップ「レインボーエンジェルズ」のオーナーとして、アシュタールジュエリー、シャンカリジュエリーなど最高品質のスピリチュアルプロダクトのプロデュース等も行う。スピリチュアルとリアリティの統合を多方面にわたってクリエイティブに実現している。著書に『まんがでわかる お金と仲良しになる本』(イースト・プレス)、『「正直」な女が幸せになる!』『0.1秒で答えがわかる!「直感」のレッスン』(ともに廣済堂出版)、『インナーチャイルドと仲直りする方法』(SBクリエイティブ)、『人生に奇跡を起こす「引き寄せ」の法則』(大和書房)など多数。監修の書に『プレアデス タントラ・ワークブック』『プレアデス 神聖なる流れに還る』(ともにナチュラルスピリット)ほか。

翻訳

鈴木純子 Junko Suzuki

フリーランスライター、翻訳家。早稲田大学第二文学部英文科卒業。現在は福島、仙台を拠点に、ミラクル・ネットワーク代表としてスピリチュアルなワークやイベント、またシャスタをはじめとするパワースポットへの旅ガイド企画などを仲間とともに行っている。訳書に『あなたにもあるヒーリング能力』(たま出版)、『気づきの呼吸法』(春秋社)、『プレアデス 覚醒への道』『プレアデス 人類と惑星の物語』『人生を変える「奇跡のコース」の教え』『禅 空を生きる』(以上、太陽出版)など。

ミラクル・ネットワーク http://ameblo.jp/miraclenetwork/

翻訳協力　ニコラス角谷

ワンネスを生きる

2016年1月24日　第1刷

［著者］
アモラ・クァン・イン

［監修］
穴口恵子

［訳者］
鈴木純子

［編集］
秋田幸子

［発行者］
籠宮良治

［発行所］
太陽出版
東京都文京区本郷 4-1-14　〒113-0033
TEL 03-3814-0471　FAX 03-3814-2366
http://www.taiyoshuppan.net/
E-mail　info@taiyoshuppan.net

装幀＝森脇知世
［印刷］株式会社 シナノ パブリッシング プレス
［製本］井上製本

ISBN978-4-88469-868-3